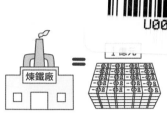

經濟學

〔新裝版〕

超圖解

花岡幸子 著　浜畠佳央 繪

前言

當想要穩健的「從儲蓄走向投資」時，對於「經濟」的理解也愈來愈重要。

經濟的知識也就是「經濟學」，對投資當然是有用的。實際上，報紙、電視、網路上的新聞與我們的日常生活，全離不開「經濟」。也就是說，「經濟學」跟明天或下週的天氣如何、明年夏天熱不熱之類的事情一樣，都是切身的事。「為什麼最近蔬菜價格特別貴？」「年初、年尾的旅行費用比較高，對吧？」「原油產量減少，為何價格還是居高不下？」等，都是有關「經濟」的現象。

舉例來說，物品價格是怎麼決定的呢？

消費者想買便宜的東西，賣方不但不想降價，還想賣得更貴，兩方形成對立。此時，若懂得供給與需求的關係，就會知道價格該訂在何處。知道哪方立場較強硬會影響價格的漲跌後，改以價格的角度來觀察，就會了解更多。

「經濟學」給了我們啟發，讓我們知道該如何思考這個世界的現象、事件與動向。

看氣象預報時，看得懂低氣壓、高氣壓、颱風強弱的人應該很多；如果也有「經濟學」基本知識，對每天的新聞、事件應該也能理解更深入吧！

為了讓讀者了解「經濟學」的有趣之處，本書加入圖解、穿插具體例子，盡可能讓文章簡明易懂。章節如此安排，也是希望能讓讀者輕鬆快樂地理解「經濟學」。

本書從頭讀到尾，確實可以理解「經濟學」的概要，但也可從任何地方開始看起。有時會想跳到與某個術語相關的重要關鍵字，本書的關鍵字都會標注頁數，幫助讀者對該術語有更深的理解。最後也附上索引，可以指引讀者找到想查看的術語。

　　希望讀者閱讀本書之後，不僅能發現「周遭有這些現象」；還能進一步學到經濟智慧，有能力思考下一步該怎麼做，這才是最佳的選擇。應該有很多人為了健康、生活充實而選擇健走、注意飲食；而為了使人生更豐富，何不開始讓「經濟學」也成為生活的一部分？

　　最後，我想藉此機會感謝WAVE出版社代表董事兼社長──玉越直人先生支持本書的企畫宗旨，與設樂幸生先生的辛苦編輯。

日本大和證券集團　花岡幸子

第1章　什麼是經濟學 010

第2章　個體經濟學 032

第3章　總體經濟學 120

第 4 章 **國際經濟學**

第5章 世界經濟史 252

日本WAVE授權
台灣漫遊者文化出版

什麼是經濟學？

經濟學（Economics）

雖然每個人都有想要的物品與勞務〔詳見P13〕，但喜歡的東西不可能全部都到手，而經濟學就是研究如何滿足這種欲望的學問。

經濟與人生、生活的一切都有關，換言之，學習經濟學就是理解社會。

稀少性（Scarcity）

社會缺乏足夠資源，以致無法提供每個人想要的東西。

① 日本人想吃蘋果……。

② 但蘋果的收穫量沒那麼多。

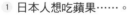

因此我們可以說，有限資源——蘋果具有稀少性。

物品與勞務（Goods & Service）

個人、企業〔詳見P52〕支付等價費用想要得手的東西。有形的稱為「物品」，無形的稱為「勞務」。物品大約可分為以下4種：

消費財（Consumer Goods）

個人使用的物品。

書
衣服
牙刷

資本財（Capital Goods）

用來製造其他東西、提供勞務的物品。

製造汽車的遙控裝置
建築機器
麥克風
喇叭

耐久財（Durable Goods）

可長期使用的物品

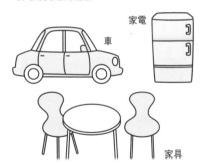

車
家電
家具

非耐久財（Nondurable Goods）

使用後就消耗掉的物品

食品
MILK
米
衛生紙

勞務

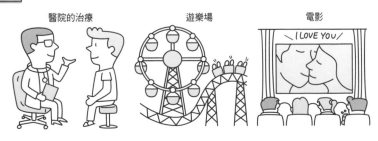

醫院的治療
遊樂場
電影
I LOVE YOU

需要與欲望 (Needs & Wants)

需要是生存不可或缺的事物。

欲望是滿足需要的手段。

如左圖所示，只要是食物，都能滿足活下去的需要；而欲望則有各式各樣，如「想吃烏龍麵、想吃鰻魚、想吃壽司……」。因此，即使滿足了需要，也不一定能滿足欲望。

最適化行為 (Optimizing Behavior)

加入市場〔詳見P20〕的人（如生產者、消費者）所採取的合理行為。

經濟學〔詳見P12〕的前提是採取最適化行為。不預設不合理的行為：例如，能用便宜價格購買，卻故意去買比較貴的物品或勞務〔詳見P13〕；或能用昂貴價錢賣出，卻故意賣得很便宜。

生產要素 (Factors of Production)

指生產物品與勞務〔詳見P13〕所需資源，通常有以下四種：

誘因（Incentive）

指具有引誘或激發的作用，可改變決策者行動的事物。價格〔詳見P100〕就是具代表性的誘因。

價格下降，激發原本不想買的人做出購買行動。

價值（Value）

由市場〔詳見P20〕決定的物品與勞務〔詳見P13〕之價值；由金錢測量高低，以價格〔詳見P100〕的形式表現。

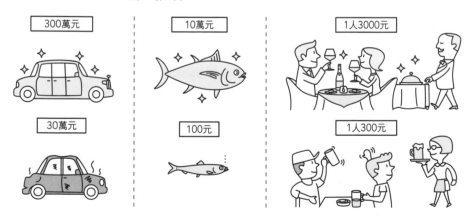

價值的矛盾 (Paradox of Value)

必要性高未必有價值〔詳見P16〕，必要性與價值間有矛盾之處。

1 水是人類是
不可或缺的。

2 日木有豐富的水資源。

3 水費便宜

稀少性低

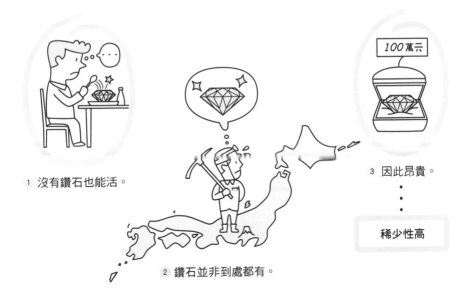

1 沒有鑽石也能活。

2 鑽石並非到處都有。

3 因此昂貴。

稀少性高

效用（Utility）

物品與勞務〔詳見P13〕要有價值〔詳見P16〕，光有稀少性是不夠的，能提供效用（滿足感）才是大前提。

1 水是生存所需之物，對大家都有效用（滿足感）。

2 鑽石或翠玉之類寶石，對想要的人很有效用（滿足感）。

3 但對不愛寶石的人來說，就沒有相同效用（滿足感）。

稀少性再高，對認為沒有效用的人而言，依然沒有價值。有了效用，又具稀少性，價值就變高了。

財富（Wealth）

生產物的累積，有效用〔詳見P18〕與稀少性〔詳見P12〕，能從某人轉移至他人。

石油　　　煤炭　　　工廠　　　大樓　　　店鋪

房屋　　　家具　　　衣服　　　書籍　　　家電產品

家戶（Household）

民間（消費者）部門的基本單位。由擁有共同住所和生計的人所構成。

市場（Market）

提供買方與賣方交換物品、勞務〔詳見P13〕的功能或場所。

經濟循環（Economic Cycle）

由家戶〔詳見P19〕、企業〔詳見P52〕及政府等經濟主體〔詳見P21〕來分擔物品與勞務〔詳見P13〕的生產、消費等一連串經濟活動，其成果經由貨幣〔詳見P152〕來交換，這種經濟活動的循環就稱為「經濟循環」。

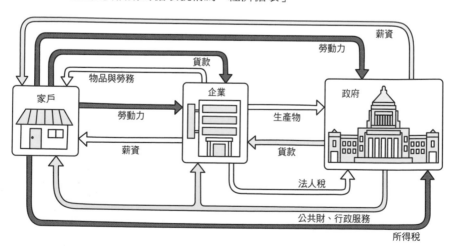

在這個循環中，市場〔詳見P20〕扮演重要角色，提供交換物品、勞務及貨幣的功能或場所。

經濟主體 (Economic Agent)

進行生產、流通、消費等經濟活動的單位，指家戶〔詳見P19〕、企業〔詳見P52〕及政府。

有時消費者、生產者、個人等各種團體也被視為經濟主體。

自由市場經濟 (Free Market Economy)

家戶〔詳見P19〕、企業〔詳見P52〕想要購買或販賣的物品與勞務〔詳見P13〕可在市場〔詳見P20〕自由交易的經濟制度。政府權力不介入，由供給與需求〔詳見P34〕的平衡點來決定價格〔詳見P100〕。

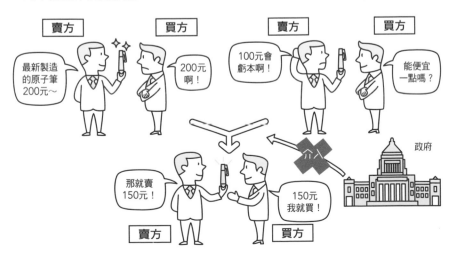

經濟成長與生產力
(Economic Growth & Productivity)

經濟成長指一個國家物品與勞務〔詳見P13〕的總生產量隨著時間而增加，而生產力是左右經濟成長的關鍵之一；生產力提高，經濟就可能成長。

1　某企業一天生產1000支原子筆。

1天……1000支
2天……2000支
3天……3000支
⋮
50天……50000支

2　工作人員維修機器。

3　機器一天可製造出1200支原子筆。

1天……1200支
2天……2400支
3天……3600支
⋮
50天……60000支

生產力提高兩成，使產量增加，促進經濟成長。

分工 (Division of Labor)

一項任務由數人分攤,一個人負責的作業種類變得比從前少。

1 假設某工廠有10名員工。
　以前這間工廠的作業方法是10人一起負責全部工程。

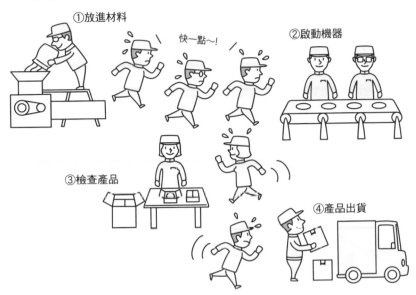

①放進材料
快一點~!
②啟動機器
③檢查產品
④產品出貨

2 不過,這家工廠認為上述作業方法效率太低,所以採用新方法,
　決定將10人分擔不同的工序。

①的作業2人
②的作業3人
③的作業3人
④的作業2人

以前的做法是4個階段由10人全體負擔,現在則採取分攤的方式。專注
於一個工序應該比較能提高生產力〔詳見P22〕。

專業化（Specialization）

專注於特別擅長的事（領域）。專業化大約可分成以下3種：

1　工廠的生產過程中，決定負責人、完成工作（分工）〔詳見P23〕。

2　企業間的專業化：運用自己公司擅長的技術，集中生產一種商品。

3　國家級的專業化，重點式地集中在最有生產效率的產品。

取捨 (Trade-off)

各種選項中，選了某一種，就必須放棄其他選項。

個人案例

選了100元的午餐，就必須放棄便當與甜點

企業案例

減少庫存時……　　　增加庫存時……

錯失販售時機　　　增加多餘費用

成本 (Cost)

為得到某種物品與勞務〔詳見P13〕而必須付出的對價。

物品

2000元

為了得到洋裝，
2000元是必要的對價。

勞務

English

為學習英語會話，
10000元是必要的對價。

機會成本（Opportunity Cost）

打算入手某種物品與勞務〔詳見P13〕時，通常要從各式選項中選出一個。而被捨棄的選項中的最高價值〔詳見P16〕者就稱為機會成本。

● 個人案例……休假時要去遊樂園玩，還是打工好呢？

打工可賺到1000元，但還是去了遊樂園，犧牲了打工的利益，即產生1000元的機會成本。

企業案例……要花100萬元引進機械，還是要用人力？

引進機械，便會犧牲了採用人力所得的價值，也就是產生100萬元的機會成本。

股份有限公司（Corporation）

發行股票以募集公司所需資金的公司。投資者購買股票便成為股東，對公司擁有與股票持分相應比例的所有權。

股份有限公司有五大優點：

1 可順利籌措資金

需要資金時，就發行股票來籌措。就像借款，但不需還債。

2 股東不是所投資事業的專家也無妨。
可委託專業經理人來經營管理。

3 股票持有者改變，
公司仍繼續存在。

4 股東對負債不需負責
（股東有限責任）

股東只在投資股票的資金範圍內有責任，公司破產時，損失的最高金額為所出資金。

5 只要賣掉股票，
就可轉移股票所有權。

生產可能性邊界
(Production Possibilities Frontier)

用曲線圖表示某個國家把全部資源以最有效率的方式用來生產時，所得到的物品（包含勞務）〔詳見P13〕的組合。

因為資源是有限的，想讓某產品增加生產，就必須犧牲其他產品的生產；某種產品產量愈來愈多，其他產品的產量就會愈來愈少。

1　假設A國只生產「汽車」與「米」兩種產品。

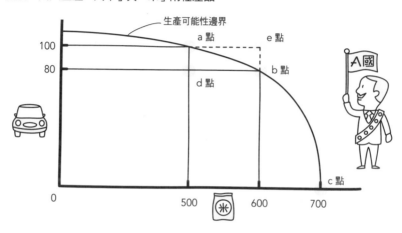

2　使用全部資源，A國能生產100單位的車與500單位的米（a點）。

車的生產如果減到80單位，米的生產就能到600單位（b點）。如果完全不製造汽車，米的產量就能到700單位（c點）。或者可在邊界內側，採用80單位汽車與500單位米的選項（d點）。不過，若想維持100單位汽車的產量，又想生產600單位的米，資源就不夠了（e點）。

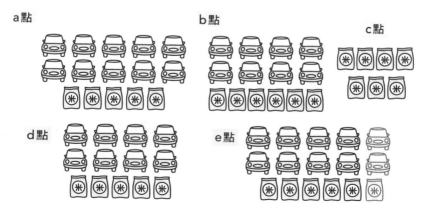

3 目前A國採用a點的方式，但考慮向b點移動。
　若移動至b點，米可追加生產100單位，但車就少了20單位。無法製造車的部分即機會成本〔詳見P26〕。

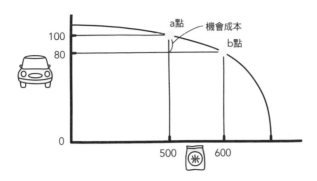

4 若生產組合的點位於生產可能性邊界內側，就表示有資源並未充分運用，這些資源稱為「閒置資源」。
　若A國米的產量從b點的600單位降到d點的500單位，閒置資源的機會成本就是米減產的100單位。

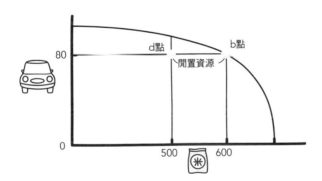

5 因為技術革新等因素而使得生產可能性邊界向外側移動，稱為「經濟成長」〔詳見P140〕。

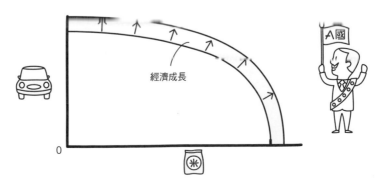

個體經濟學（Microeconomics）

研究對象是家戶〔詳見P15〕、企業〔詳見P52〕之類小單位的行為或決策。分析各種物品〔詳見P13〕該生產多少、如何決定價格〔詳見P100〕、如何分配、決策如何實行。

總體經濟學（Macroeconomics）

從國家或地域全體的宏觀觀點，分析消費與投資如何決定、政府該扮演何種角色等經濟機制的學問。

Microecono

nics

個體經濟學

第 2 章

供給與需求（Supply & Demand）

「為什麼夏天時，玉米、番茄等農作物的價格會下降呢？」
「為什麼畫家去世後，其畫作價格會高漲呢？」
這類疑問可用供給與需求的關係來說明。一開始，價格〔詳見P100〕的決定
方式應該是「買方希望盡量以低價購買，賣方則希望盡量以高價販售」。

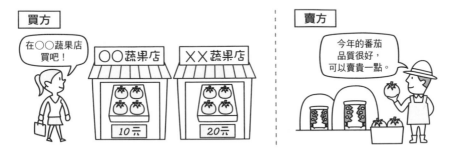

價格是需求方（買方）與供給方（賣方）的妥協點，也就是位於需求線〔詳
見P37〕與供給線〔詳見P38〕的交叉點。

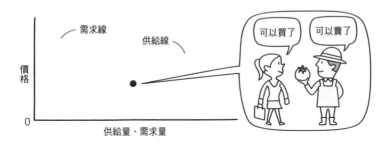

夏天想賣農作物的人增加（供給增加），而畫家去世後就不會再有新作品
了（新的供給消失）。

價格的變化就是依供給與需求的增減而產生。

需求（Demand）

有意願購買物品與勞務〔詳見P13〕，並有付款的打算與能力。

供給（Supply）

賣方以販賣為目的，在市場〔詳見P20〕賣出的物品與勞務〔詳見P13〕及賣出的量。

需求法則（Law of Demand）

消費者購買物品與勞務〔詳見P13〕時，若價格〔詳見P100〕改變，購買數量也會改變。

價格上漲時購買數量減少，價格下降時購買數量增加；也就是說，需求量與價格成反比。

供給法則（Law of Supply）

當生產者（供給者）所生產（販賣）的物品與勞務〔詳見P13〕價格〔詳見P100〕改變，生產（販賣）的數量也會改變。

A小姐在某時薪150元的餐廳一天打工2小時。

• 店裡客滿時，因人手不足，時薪增為200元，A小姐就一天打工3小時。

• 店裡客人少時，時薪改為100元，A小姐就減少打工時間，增加讀書時間。

物品與勞務（這個例子的勞務是指勞動力）的價格提高時，供給量便增加；價格下降時，供給量便減少。也就是說，供給量與價格成正比。

需求線 (Demand Curve)

價格〔詳見P100〕與需求〔詳見P35〕量關係的曲線圖，顯示在某個價格水平的需求量有多少。特定的個人需求曲線圖，則稱為「個別需求線」。

若蘋果價格改變，A小姐、B小姐購買的數量會如何改變？

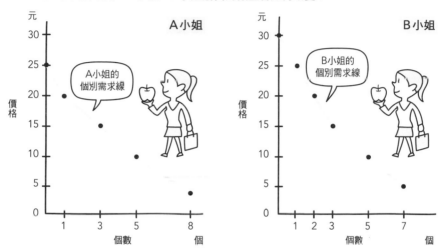

所有對購買某項物品與勞務〔詳見P13〕有興趣者的需求量之曲線圖，稱為「市場需求線」。這裡假設在市場〔詳見P20〕上，只有A小姐與B小姐擁有購買蘋果的意願與能力。

蘋果價格改變時，市場上的購買數量將如何改變？

價格	A小姐	B小姐	市場
30	0	0	0
25	0	1	1
20	1	2	3
15	3	3	6
10	5	5	10
5	8	7	15

市場需求線

價格下降，需求量就增加，圖上的需求線向右下傾斜。

供給線（Supply Curve）

價格〔詳見P100〕與供給〔詳見P35〕量關係的曲線圖，顯示在某個價格水平的供給量有多少。特定公司的供給線圖，則稱為「個別供給線」。

蘋果價格改變，栽種蘋果的C公司與D公司的供給數會如何改變？

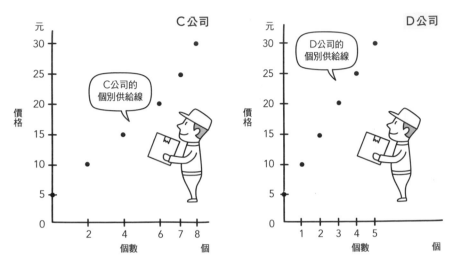

除了C公司、D公司之外，顯示所有生產蘋果的公司供給量之曲線圖，稱為「市場供給線」。這裡假設在市場〔詳見P20〕上，只有C公司與D公司擁有生產蘋果的意願與能力。

蘋果價格改變時，市場上的供給數量將如何改變？

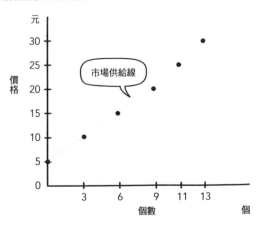

價格	C公司	D公司	市場
30	8	5	13
25	7	4	11
20	6	3	9
15	4	2	6
10	2	1	3
5	0	0	0

價格提高時，供給量就增加，圖上的供給線向右上傾斜。

供需均衡（均衡點）
(Equilibrium of Supply & Demand)

市場經濟中，物品與勞務〔詳見P13〕在市場〔詳見P20〕的供給量與需求量相等，價格〔詳見P100〕穩定。供需均衡即供給量與需求量的交叉點。

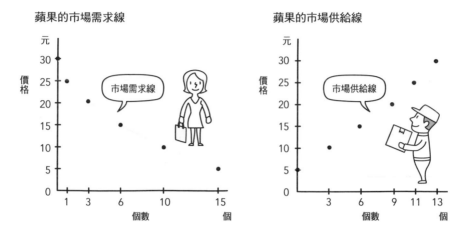

蘋果的市場需求線

蘋果的市場供給線

將這兩條曲線重疊，供需均衡點就在箭頭所指之處。

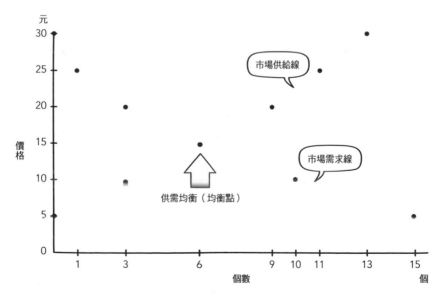

需求彈性（Demand Elasticity）

價格〔詳見P100〕變動時，需求量如何改變。一般用來觀察消費者對價格變化的敏感程度。

需求富於彈性　　　　　　　　　　　　需求缺乏彈性

以下案例中，橘子有沒有彈性呢？

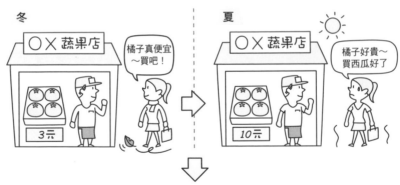

橘子的替代品〔詳見P49〕很多，消費者對價格敏感

橘子是富於彈性的

食鹽有沒有彈性呢？

食鹽的替代品少，消費者對價格不敏感

食鹽是缺乏彈性的

供給彈性 (Supply Elasticity)

價格〔詳見P100〕變動時，供給量如何改變。一般用來觀察生產者對價格變化的敏感程度時使用。

供給富於彈性

供給缺乏彈性

打工幫忙搬家有沒有彈性呢？

春

人手不足！時薪從100元升到200元！

對價格敏感，供給量（人手）增多！
打工幫忙搬家是富於彈性的

白菜有沒有彈性呢？

秋

今年的白菜價格是40元，是去年的兩倍，聽說會大賣!?

但現在才開始種，已經來不及了～

從播種到收穫需要時間，想要增加供給量並沒有那麼容易。

白菜是缺乏彈性的

單一彈性 (Unit Elastic)

需求〔詳見 P35〕變化的比例，與價格〔詳見 P100〕變化的比例幾乎相等時，此需求稱為單一彈性。

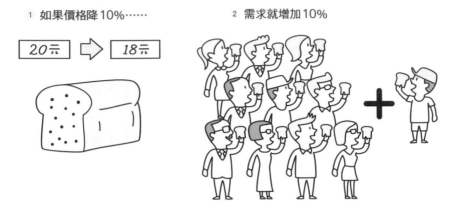

1 如果價格降 10%……

2 需求就增加 10%

上述情況，這個麵包的需求便稱為單一彈性。

42

邊際效用 (Marginal Utility)

「邊際」指「以現在為基準有何改變？」效用則是購買物品與勞務〔詳見 P13〕所得的用處與滿足感。

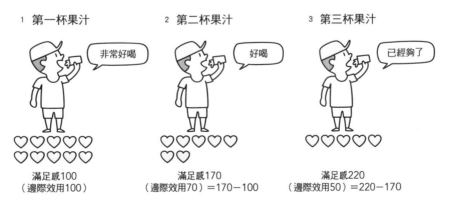

1 第一杯果汁　非常好喝

2 第二杯果汁　好喝

3 第三杯果汁　已經夠了

滿足感 100
（邊際效用 100）

滿足感 170
（邊際效用 70）＝ 170 － 100

滿足感 220
（邊際效用 50）＝ 220 － 170

總之，購買某種物品與勞務一單位後，所追加得到的用處與滿足感，就稱為「邊際效用」。

邊際效用遞減法則
（Law of Diminishing Marginal Utility）

每增加一單位，所得的滿足感（邊際效用）〔詳見P42〕就會漸漸減少（遞減）的法則。

1 A君渴了，想喝柳橙汁

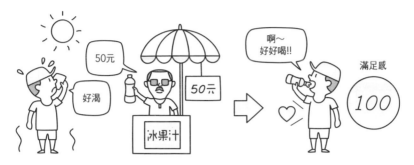

2 A君第一杯已達到潤喉效果，那第二杯果汁是……

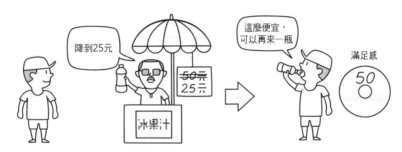

3 A君喝了兩瓶果汁，肚子很脹時……

一般而言，消費者只有在「邊際效用＞價格」時，才會繼續購買物品與勞務〔詳見P13〕；當「邊際效用＝價格」，就不會再繼續購買。

邊際成本 (Marginal Cost)

企業〔詳見P52〕增產一單位產品所增加的成本〔詳見P25〕。我們以煉鐵廠為例。

1 煉鐵跟高爐等設備有關,必須花折舊
與攤銷〔詳見P65〕的費用。

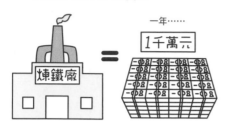

2 還有原物料費用

3 要生產2單位的鐵,需要的成本則如下圖。跟設備有關的折舊與攤銷費1千萬
元,與生產量無關,稱為「固定成本」〔詳見P60〕。無論生產2單位的鐵或10單位
的鐵,生產量增加,固定成本也不會隨之變化。

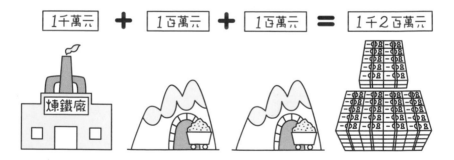

4 另一方面,生產量增加,原物料費用也會增加。原材料費是「變動成本」〔詳見
P61〕,亦即,鐵的製造從1單位增加到2單位,2單位增加到3單位時,每次都
必須追加100萬元,此費用即「邊際成本」。

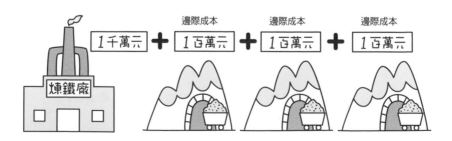

所得效果 (Income Effect)

隨著價格〔詳見P100〕的變化，消費者的實質所得也會跟著改變，影響到需求量。

1 A先生每月花1000元買20公斤的米。

2 米價上漲約一成，還是得拿出1100千元買20公斤的米。

3 倘若所得不變，漲價的100元就得縮減其他支出來補足。

也就是說，因為米價上漲，實質上所得減少了100元，導致其他物品與勞務（這裡以汽油為例）的消費（需求）縮減之效應。

替代效果 (Substitution Effect)

物品與勞務〔詳見P13〕的相對價格〔詳見P100〕改變，使需求量產生變化。

1　A小姐每月花1000元買20公斤的米，但後來米價上漲一成。

2　米價漲了，但麵包的價格不變，所以覺得麵包很便宜。

3　結果，A小姐打算把1000元中的一部分拿來買麵包。

當米價上漲，米的購買量（需求）減少，相對便宜的麵包購買量（需求）
增加，就是「替代效果」。

正常物品

（Normal Goods，亦稱優等物品 Superior Goods）

當預算與所得〔詳見P143〕增加，購買機會也明顯增加的商品。

1　名牌衣服、包包、鞋子⋯⋯

2　當預算或所得增加，購買機會也會增加。

3　正常物品在預算或所得增加時，需求量增大，需求線〔詳見P37〕向外側（右側）移動。

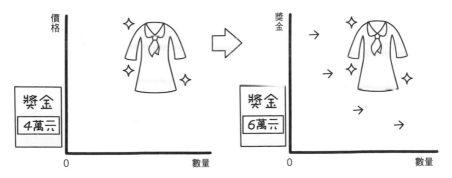

劣等物品 (Inferiority Goods)

預算與所得〔詳見P143〕增加時，購買機會明顯減少的商品。

1　二手的名牌衣服、包包、鞋子……

2　當預算或所得增加，購買機會反而減少。

3　當預算或所得增加，需求量減少，需求線〔詳見P37〕便向內側（左側）移動。

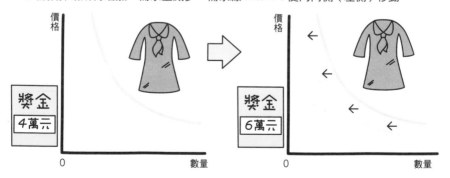

替代物品 (Substitute Goods)

兩種性質相似的物品與勞務〔詳見P13〕，若其中一種需求〔詳見P35〕增加，另一種的需求就減少，此兩者便稱為「替代物品」。

1 奶油價格上升時……

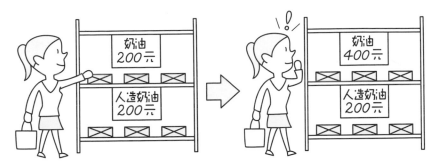

2 許多人改買相對便宜的人造奶油。

3 奶油與人造奶油有替代關係，可稱為「替代物品」。

季芬物品（Giffen Goods）

價格〔詳見P100〕下跌（上漲）時，需求〔詳見P35〕隨之減少（增加）的物品。

英國經濟學家羅伯特・季芬
（Robert Giffen，1837～1910）在19世紀愛
爾蘭大飢荒時，發現價格與需求的關係。

1　某貧窮國家以馬鈴薯為主食，有時馬鈴薯價格會下滑，比其他食品相對便宜。

2　照理說，該國人的馬鈴薯消費量（需求）應該會增加（替代效果）〔詳見P46〕。

3　但馬鈴薯價格下跌，人們便有餘力購買肉類、小麥等其他食品（所得效果）〔詳見 P45〕，其他稍微奢侈的食品購買量（需求）便增加了。

4　因所得效果而使馬鈴薯消費量減少的部分，多於因替代效果而使馬鈴薯消費量增加的部分，所得效果與替代效果合計，結果是馬鈴薯的消費量總數減少。

因所得增加而消費量減少的產品是劣等物品〔詳見P48〕，季芬物品也是劣等物品的一部分。

互補物品 (Complementary Goods)

物品與勞務〔詳見P13〕的消費若是如套組般搭配在一起,當其中一種的需求〔詳見P35〕增加,另一種的需求也會有增加傾向。

電腦與軟體是互補物品。

電腦降價時,許多人會購買電腦(需求增加)。

購買電腦同時也會購買軟體(需求增加)。

企業 (Enterprise)

以營利(如賺錢、提高利益等)為目的,在市場〔詳見P20〕生產、販賣物品與勞務〔詳見P13〕的經濟主體〔詳見P21〕。

邊際產量（Marginal Product）

每增加（減少）1單位的「變動生產要素」〔詳見P15〕量，會增加（減少）多少總生產量。

1　某工廠由2人製作洋裝，1個月能生產10件洋裝。

2　製作洋裝的人數增為3人，1個月就能生產18件洋裝。

3　由2人增為3人，增加1人（1單位），生產量從10件變成18件，所以邊際產量就是18件－10件＝8件。

邊際產量

生產的 3 階段
(Three Stages of Production)

邊際產量〔詳見P53〕會如何變化，由生產時最適當的投入量決定。投入量改變，邊際產量亦隨之變化。依據變化的種類，生產可分為：①收穫遞增；②收穫遞減；③產生損失3個階段。

1　①收穫遞增的階段，邊際產量增加。
　　投入量增加時，邊際產量會逐漸增加，全體生產量也逐漸增加。

×2件　　　×5件　　　　　　×11件

邊際產量3件　　　　邊際產量6件

2　因此，企業〔詳見P52〕為增加生產量，逐漸增加投入量。

賣得很好喔！
好！
再增加人力！

3　②收穫遞減的階段，邊際產量減少。投入量每增加1單位，邊際產量就愈少，但全體生產量仍是增加的狀態。

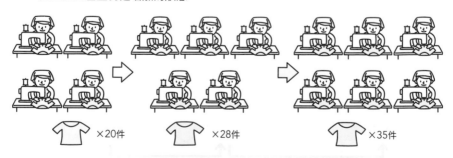

×20件　　　×28件　　　　　　×35件

邊際產量8件　　　　邊際產量7件

4　換言之，雖然投入量增加時，生產量仍然增加，但增加的程度逐漸變少。

人力	7人	8人	9人	10人	11人	
件數	41件	46件	50件	53件	55件	

5件　　4件　　3件　　2件

5　③「產生損失」的階段，邊際產量變成負的。
　　增加1單位投入量，生產量不增反減。

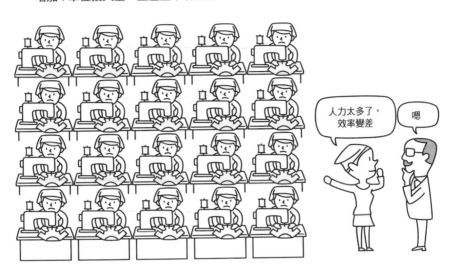

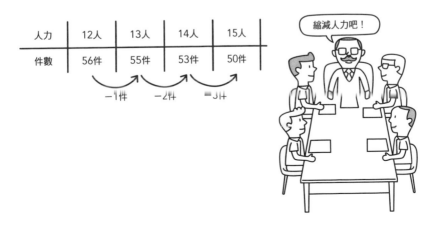

人力太多了，效率變差

嗯

6　邊際產量為負，生產量逐漸減少；亦即即使增加投入，生產量不增反減。
　　陷入這樣的狀態，企業就不會再增加投入量。

人力	12人	13人	14人	15人
件數	56件	55件	53件	50件

－1件　　－2件　　－3件

縮減人力吧！

邊際產量遞減法則
（Law of Diminishing Marginal Productivity）

生產要素〔詳見 P15〕投入量增加，生產量也會增加，但每增加 1 單位生產要素，產量的增加幅度就會慢慢變少。

1　假設有一家印刷工廠，只有一台印刷機。

2　只有 1 名工人時，所有作業都由 1 人進行，1 天只能印刷 100 張。

製版　　　　　　　操作機械　　　　　　　裁紙

3　若有 2 名工人，這項作業順利分工，1 天就能印刷 300 張。
　亦即增加 1 人（1 單位），可以多印 200 張。

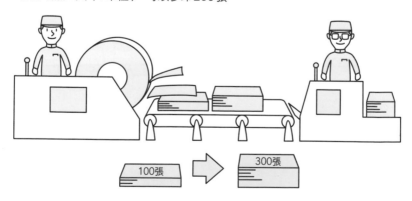

100 張　　⇨　　300 張

4 若增加為 3 個人力，可形成完整的分工體制，1 天可印刷 600 張。
  亦即再增加 1 人（1 單位），可多生產 300 張。

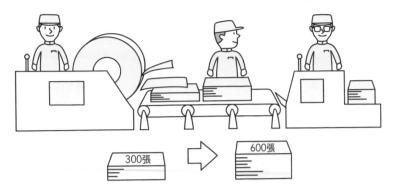

5 增加第 4 人後，因分工體制已經完成，這名員工便負責庶務作業。生產量雖增
  為 700 張，但再增加 1 人只多了 100 張。

6 再加第 5 人，負責工廠的掃除與整理。雖然效率提高了，生產量增為 750 張；
  但增加 1 人（1 單位）後，產量的增加幅度反而降至 50 張。

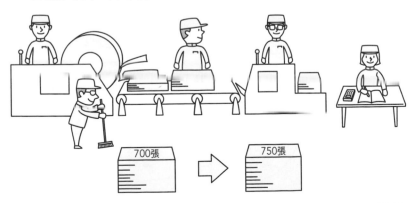

增加第 4、第 5 名人力後，生產量雖然增加，但增加效率反而逐漸降低。

生產函數 (Production Function)

其他生產要素投入量不變時，其中一種生產要素的投入量與產出數量變化的關係。

1 當勞工為0，產出數量也是0。　　2 1個人能做2件洋裝。　　3 2個人能做5件洋裝。

增加1人，產量多了3件。

邊際分析 (Marginal Analysis)

成本效益分析 (Cost-Effectiveness Analysis) 的一種，分析投入量增加1單位時，會追加多少利潤與成本等。與平均值或增長率之類的分析手法不同，著重在1單位的變化。

麵包店每增加1名 (1單位) 麵包師傅。

每增加1人，販賣麵包所得的利潤與成本有何變化？

成本曲線（Cost Curve）

企業〔詳見P52〕的生產量與生產成本關係的曲線圖，兩者間的關係稱為成本函數（Cost Function）。

例如，麵包店的生產量（麵包製造量）若增加，生產成本（麵包製造成本）也會增加，如下圖：

生產量	1	2	3	4	5
生產成本	20	22	24	26	28

總成本（Total Cost）

固定成本〔詳見P60〕與變動成本〔詳見P61〕相加，即所有成本。

例如，煉鐵廠的總成本如下：

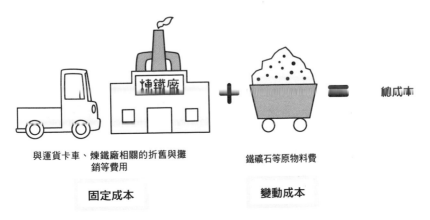

與運貨卡車、煉鐵廠相關的折舊與攤銷等費用 ＋ 鐵礦石等原物料費 ＝ 總成本

固定成本 **變動成本**

固定成本（Fixed Cost）

與生產量無關，固定產生的成本。

1 例如，雖然銷售額大跌，也沒有突然裁減正式職員；因此，人事費被視為固定
成本。

2 工廠或公司的機械、車、建築物等相關成本也是固定成本。這些都是長期使用，
在一定期間內都會列入成本。

例如，購買建築物的成本費用以 50 年來攤銷，不管生產量如何，每年都
會列入定額費用。這叫「折舊與攤銷」〔詳見P65〕，是固定成本的代表例子。

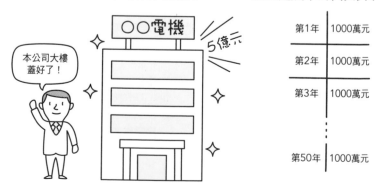

第1年	1000萬元
第2年	1000萬元
第3年	1000萬元
⋮	⋮
第50年	1000萬元

變動成本（Variable Cost）

與生產量成比例變動的成本。

1　例如，鋼鐵的原料——鐵礦石，會隨著鋼鐵生產量的比例而變動。

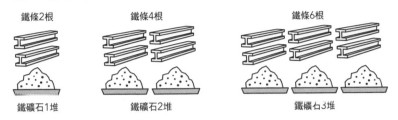

鐵條2根　　　　　　鐵條4根　　　　　　　　　　　鐵條6根

鐵礦石1堆　　　　　　鐵礦石2堆　　　　　　　　鐵礦石3堆

2　若鋼鐵生產量增加，原料的採購成本也會依比例增加。

3　此外，產品（鋼鐵）的運費也會按比例增加。

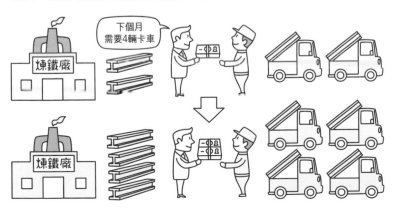

總收益 (Total Revenue)

企業〔詳見P52〕販賣的產品、商品，每1單位的價格〔詳見P100〕乘以販賣數量的總計金額，也就是銷售額。

例如，某麵包店販賣各式各樣的麵包。

項目	價格 ✖	販賣數 ＝	合計
豆沙麵包	20元	100個	2000元
土司	30元	200個	6000元
咖哩麵包	25元	80個	2000元
果醬麵包	20元	150個	3000元
		總收入	13000元

邊際收益 (Marginal Revenue)

每增加1單位產量時，會增加多少總收益（銷售額）。

今天賣了200個，共2000元。

今天賣了201個，共2010元。

本案例中，邊際收益是10元。

損益平衡點（Break- even Point）

企業〔詳見P52〕打平總成本所需的總生產量（金額）。計算公式如下：

1 銷售額、成本與收益的關係是……

$$銷售額 - 總成本 = 利潤$$
（固定成本＋變動成本）

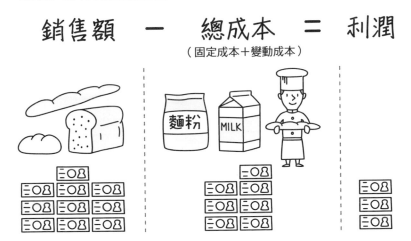

2 這個公式可改為下列公式：

$$銷售額 - 固定成本 - 變動成本 = 利潤$$
$$銷售額 - 變動成本 = 利潤 + 固定成本$$
$$= 邊際利潤 \text{(marginal profit)}$$
（利潤＋固定成本稱為「邊際利潤」）

3 損益平衡點，照字面意思就是損益為０的時候，將利潤＝０套入上述算式，損益平衡點就為：

$$固定成本 = 邊際利潤$$

因此，損益平衡點就是收回變動成本〔詳見P61〕後，還能收回固定成本〔詳見P60〕，亦即能收回總成本的生產量（金額）；銷售額水準若是如此，就稱為「損益平衡點銷售額」。

可變比例定律
（Law of Variable Proportions）

其他條件固定時，某些物品與勞務〔詳見P13〕的投入量改變，生產量也會隨之改變。

1　高麗菜農場主人想提高產量，決定使用農藥。

2　這個農場分為3區，以下4個條件每區都相同：

①土地——日照、土壤、排水

②天氣——培育期的天氣

③作業——照顧的條件

④高麗菜種子——相同品種

3　3區施予的農藥量都不同。觀察高麗菜生產量有何變化，便能測知農藥效果。

折舊與攤銷
（Depreciation & Amortization）

企業〔詳見P52〕長期使用的東西，如建築物、機械設備等，並非在購買時（年度）就將全額費用列入，而是隨著價值〔詳見P16〕的減少而列入成本。

1 原物料費與人事費等，一般都是將當時（年度）產生的部分列入當期費用。

20XX年度	
原物料費	200萬元
人事費	100萬元
⋮	⋮

2 但建築物不同，例如，A公司花了5億元蓋自己公司的大樓。
  耐用年數50年，其成本採每年列入相同金額（定額法）。

於是，A公司每年列入1000萬元（5億元÷50年）的折舊與攤銷費用。

2024年度	1000萬元
2025年度	1000萬元
2026年度	1000萬元
⋮	⋮
2073年度	1000萬元

實際的折舊與攤銷，是在該資產的耐用年數期間規律地列入成本。會計上稱為「折舊與攤銷」，而在總體經濟學〔詳見P30〕上則稱為「固定資本消耗」（Consumption of Fixed Capital）。

利潤極大化（Maximization of Profit）

邊際收益〔詳見P62〕等於邊際成本〔詳見P44〕時，利潤或所賺的錢便達到最大值。

1　某蘋果果農，蘋果一個賣10元，亦即邊際收益10元

2　為增加蘋果的收穫量，有時會雇用臨時工。工作時間增加，就產生加班津貼。

3　蘋果的收穫數、銷售額、成本、利潤與邊際成本如下表：

收穫數	銷售額	成本	利潤	邊際成本
200個	2000元	1400元	600元	
300個	3000元	1600元	1400元	2元
400個	4000元	1900元	2100元	3元
500個	5000元	2400元	2600元	5元
600個	6000元	3400元	2600元	10元
700個	7000元	4500元	2500元	11元

※銷售額＝1個10元（邊際收益）×個數
※邊際成本＝每個成本增加多少（當蘋果從200個增為300個，多了100個；成本便從1400元增為1600元，多了200元。每個成本增加的部分則是200元÷100個＝2元，即邊際成本為2元）

4 從左頁表格中可看出，蘋果賣幾個利潤會最多。
就是600個（或500個）的時候。

5 如果收穫多於600個，就必須支付加班津貼等成本。成本增加的部分比銷售額
增加的還多，利潤反而減少。

6 因此，想要利潤達到最高，就要在邊際收益等於邊際成本時擴大生產。

邊際收益
（蘋果一個的價格＝10元）

＝＝

邊際成本
（3400元－2400元）÷（600個－500個）＝10元

利潤極大化產量
(Profit-maximizing Quantity of Output)

邊際收益〔詳見P62〕等於邊際成本〔詳見P44〕時，利潤達極大化，此時的產量稱為「利潤極大化產量」。

1 在「利潤極大化」章節〔詳見P66〕的蘋果農場表格中，利潤極大化產量出現在什麼時候？

收穫數	銷售額 ━	成本 ═	利潤	邊際成本
200個	2000元	1400元	600元	
300個	3000元	1600元	1400元	2元
400個	4000元	1900元	2100元	3元
500個	5000元	2400元	2600元	5元
600個	6000元	3400元	2600元	10元
700個	7000元	4500元	2500元	11元

2 蘋果收穫量500個時，邊際收益10元，邊際成本5元，兩者並不相等。

3 收穫量700個時，邊際收益10元，邊際成本11元，也不相等。因此，本案例中，收穫量600個時達到最高利潤。

價格接受者（Price Taker）

只能接受市場〔詳見P20〕所決定的價格（Price）〔詳見P100〕，沒有影響價格能力的生產者與消費者。

1 眾多生產者與消費者同時存在。

2 每個生產者與消費者並非自己設定價格，例如，買家無法對賣家殺價。

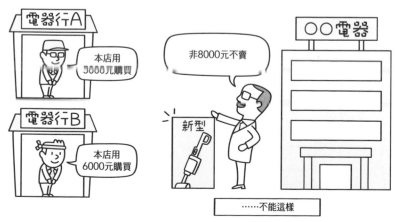

3 賣家不能只給買家固定價格。這是指完全競爭市場〔詳見P70〕的情況。

完全競爭市場
(Perfectly Competitive Market)

由許多買家與賣家所組成，自由進行競爭的市場〔詳見P20〕，需滿足以下5個條件：

1　有眾多買家與賣家，而非某特定人擁有大權。

2　買家想買的或賣家想賣的物品與勞務〔詳見P13〕具同質性。

3　買家與賣家對物品與勞務及其價格都有充足資訊。不會因為缺乏資訊，而買了完全相同但價格較貴的商品。

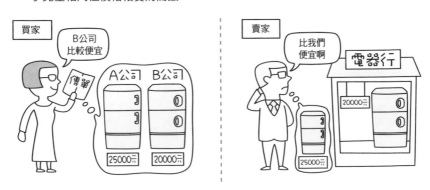

4 買家有購買良好的物品與勞務之想法與行為,賣家想盡量多販賣自己的物品
與勞務,並各自獨立行動;而非因為親戚、朋友等人際關係的影響而行動。

5 任何人都能自由進入與退出市場。

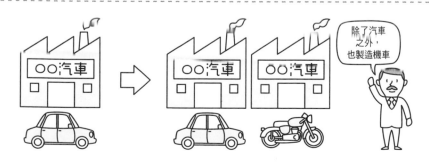

生產者剩餘 (Producer Surplus)

某物品的實際價格〔詳見P100〕減去生產者願意在市場販賣的最低要求價格。
某物品的實際價格即指市場〔詳見P20〕價格。

1 某蘋果果農將蘋果帶到農產品市場，若實際被買下的價錢是一個10元，10
　元就是市場價格。

2 生產者願意在市場販賣的最低要求價格，是指生產蘋果所花的成本，換言之，
　就是蘋果樹培育、採收的人事費、肥料費等成本總額。

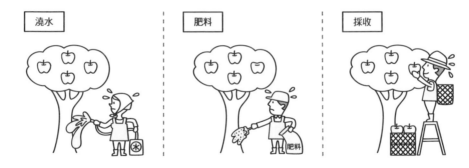

3 假設蘋果一個成本6元，若能以6元以上的價格販賣，蘋果生產者就會考慮販
　賣。如此，生產者剩餘就是4元。

$$10元 - 6元 = 4元$$
（市場價格）　　　（成本）　　　（生產者剩餘）

也就是說，生產者所得金額扣除生產者花費的成本就是「生產者剩餘」。

消費者剩餘 (Consumer Surplus)

消費者剩餘是指消費者對於一物品願意支付的最高價格〔詳見P100〕與實際付出價格之間的差額。

1 某人想買蘋果，他想，如果一個15元左右就可以買。

2 到了店裡，價格如果是11元，11元就是市場價格。亦即，兩者的差額4元（15元－11元＝4元），就是「消費者剩餘」。

3 消費者剩餘，可說是消費者認為支付這種價格仍願意購買，但實際上若價格更便宜，就會覺得是賺到的金額。

社會剩餘（Social Surplus）

市場〔詳見P20〕整體的生產者剩餘〔詳見P72〕總額加上消費者剩餘〔詳見P73〕總額，就是社會整體的剩餘，即「總剩餘」（Total Surplus）。

並非一個生產者與一個消費者的剩餘，而是蘋果生產者全體的剩餘加上蘋果消費者全體的剩餘。

不完全競爭（Imperfect Competition）

完全競爭市場〔詳見P70〕有5個條件，欠缺任一個就是不完全競爭。完全競爭的條件全部齊備是很少見的。不完全競爭分為3種：獨占〔詳見P85〕、寡占〔詳見P85〕、獨占性競爭〔詳見P86〕。

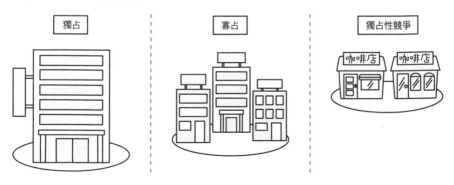

資源分配 (Allocation of Resources)

指資源是有限的，必須分配使用。

1 經濟學就是研究使用土地、資本、勞動力、企業家等稀少的生產要素〔詳見 P15〕，該生產什麼、生產多少的學問。

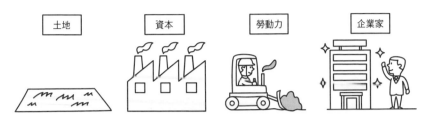

2 在自由主義經濟制度下，資源分配經由市場〔詳見P20〕進行。例如，某種物品與勞務〔詳見P13〕的需求高，很多人想要，以致價格上升，有能力購買的人便減少了；同時，想販賣的人也增加了。資源就是用這種方式適當分配。

3 另一方面，需求少的物品與勞務則價格下跌，以相反的方式達成分配。

如此，價格〔詳見P100〕便成為市場資源分配的信號燈。

帕雷托最適境界（Pareto Optimum）

個體經濟學〔詳見P30〕的資源分配〔詳見P75〕概念，指分配某些有限資源時，會達成社會整體利益最大化的分配狀態。

義大利經濟學家、社會學家維魯弗雷多・帕雷托
（Vilfredo Pareto，1848～1923）所提出的概念。

1　假設世上只有6個蘋果，想要蘋果的有2個人。

2　6個蘋果中，給A小姐2個，給B先生2個，並不是「帕雷托最適境界」。因為無論A小姐、B先生都沒有損失，也能增加取得。

3　那麼，就給A小姐3個，給B先生3個。若有人想再增加（比如說有人想要4個），這種情況下，如果不減少對方的份，自己就無法取得。因此，給A小姐3個，給B先生3個的分配方式，可稱為「帕雷托最適境界」。

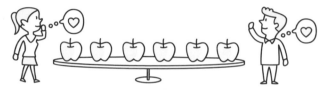

也就是說，在帕雷托最適境界，資源不管如何重新配置使用，都無法提高某些人的效用〔詳見P18〕或滿足感，又同時不損及其他人的效用或滿足感。

經濟租 (Economic Rent)

又稱「超額利潤」(Excess Profits)。在不完全競爭的狀態下，有時會比完全競爭〔詳見P70〕所得的利潤還多，這些多出來的利潤便稱為經濟租或超額利潤。

1　一般而言，由同樣技術水準的人使用相同材料、生產設備所生產的物品，販賣所得的利潤也會一樣。

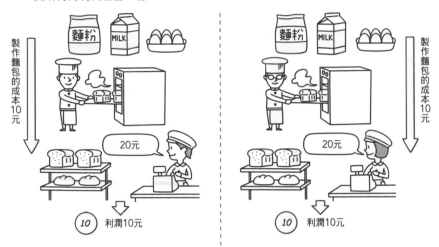

2　不過，若不是完全競爭的市場，就會有獨占或規制等情況。因為是不完全競爭，便可能縮小供給範圍以提高價格。

3　於是，利潤有可能比完全競爭下一般所得的利潤還高。

完全競爭市場 → 利潤 10 元
不完全競爭市場 → 利潤 90 元　超額利潤 ＝ 經濟租

洛侖士曲線（Lorenz Curve）

顯示所得〔詳見P143〕、積蓄的差距時使用的曲線圖。

由美國經濟學家馬克斯・洛侖士
（Max Otto Lorenz，1876～1959）所提出，
所以用他的名字命名。

1　顯示所得差距時，首先要將家戶所得由低至高依序列出。橫軸是家戶數的累計
　　百分比；縱軸是所得的累計百分比，然後將家戶間的所得分配畫成曲線圖。

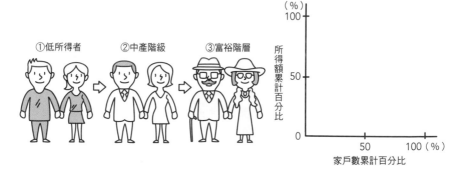

2　所得最低的20%家戶數若占社會全體所得的10%，就在橫軸的20%與縱軸的
　　10%交叉處畫一個點。

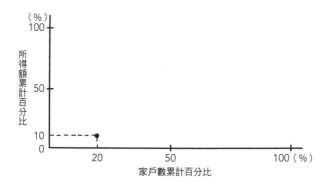

3 同樣的，所得最低的30%家戶數若占社會全體所得的20%，就在橫軸的
　30%與縱軸的20%交叉處畫一個點

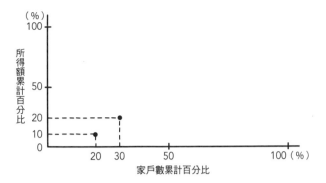

4 用同樣的方式，依次將資料畫成曲線，直到100%，即完成洛侖士曲線。

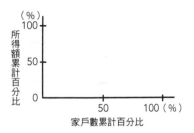

5 如果社會上所得沒有差距，所有家戶所得相同，洛侖士曲線就會形成45度
　直線。

6 只要所得或財富分配不均，洛侖士曲線就會形成凹口向上的弧線。

吉尼係數（Gini Coefficient）

測量所得〔詳見P143〕、資產不平等、階級差距的尺度之一。

義大利統計學家科拉多・吉尼
（Corrado Gini，1884～1965）所提出，所
以用他的名字命名。

1 吉尼係數是由洛侖士曲線〔詳見P78〕計算出來的，值在0～1之間。所得、資產愈平等，吉尼係數會愈接近0；若吉尼係數為0，表示人人所得、資產完全平等。

2 相反地，若所得、資產愈不平等，吉尼係數會愈接近1；若吉尼係數是1，表示有一個人獨占所有的所得與資產。

吉尼係數值的大小是測量不平等程度的指標。OECD（經濟合作暨發展組織，Organization for Economic Cooperation and Development）便是以各國的吉尼係數比較國際間的所得差距。

價格制定者（Price Maker）

有能力制定（make）價格〔詳見P100〕，使自己的利潤達到最高，這樣的賣家便稱為價格制定者。不完全競爭〔詳見P74〕狀態下存在的經濟主體〔詳見P21〕即屬此類。

1 以名牌鞋為例，購買義大利或法國高級名牌鞋的女性應該是因為嚮往時尚、設計或品牌而購買。

2 並非比較各種鞋子的價格後，覺得該高級品牌鞋較便宜而購買。

3 想要的話，不管一雙是1萬、2萬或5萬，都會以賣家制定的價格購買。這樣的賣家就叫做價格制定者。

價格領導者 (Price Leader)

在寡占〔詳見P85〕的業界，有能力決定某產品的市場價格之企業〔詳見P52〕。

1　假設柳橙汁業界有5家公司競爭。

2　業界銷售額最高的是 A 公司，一瓶柳橙汁賣100元。

3　銷售額第二的是 B 公司，一瓶柳橙汁賣98元。銷售額第三的是 C 公司，一瓶柳橙汁賣97元。

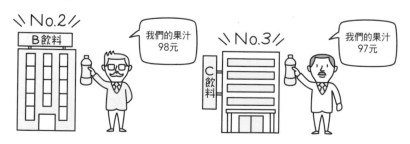

4 B公司與C公司觀察業界價格領導者——A公司的價格後，制定自己的價格。

5 B公司與C公司，很難訂出比價格領導者—— A公司更高的價格。

6 B公司與C公司即使毅然降價，也很難奪走A公司的市占率，才會看A公司
　　的價格來訂價。

價格領導者的價格，對業界全體的價格有極大影響力。因此，對價格領導者所訂的價格，其他競爭企業通常都追隨其後。

獨占度（邊際利潤率）
(Degree of Monopoly)

價格〔詳見P100〕要比成本高多少，才能得到超額利潤〔詳見P77〕的測量指標。

1　獨占度的測量標準中，美國經濟學家阿巴・勒納（Abba Lerner，1903～1982）有一個相當有名的公式：

$$獨占度=（價格－邊際成本）÷價格$$
（邊際利潤率）

2　如利潤極大化〔詳見P66〕那一章節所述，在完全競爭〔詳見P70〕的情況下，企業想把利潤極大化，就會選擇產品價格＝邊際成本〔詳見P44〕的生產量。

	收穫數	銷售額 ―	成本 ＝	利潤	邊際成本
產品價格 1個10元	400個	4000元	1900元	2100元	3元
	500個	5000元	2400元	2600元	5元
	600個	6000元	3400元	2600元	10元
	700個	7000元	4500元	2500元	11元

3　不過，獨占〔詳見P85〕企業能控制市場價格。為提高價格，獨占企業會限定供給量，以獲得超額利潤（＝價格－邊際成本）。

• 假設製造電腦的公司只有一家，消費者只能選購那家公司的電腦。

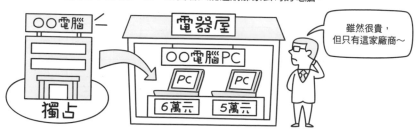

價格成本差異高，表示獨占企業的價格支配力強；若價格成本差異接近0，就表示接近完全競爭市場。

獨占（Monopoly）

市場結構中，一個賣家能決定市場整體的動向。因為沒有競爭對手，獨占企業能決定讓自己公司利潤最高的價格〔詳見P100〕與生產量。

電力就是地區獨占的代表例子。（日本自2016年4月起，准許新業者加入）

寡占（Oligopoly）

產業結構中，少數幾個大企業對該產業擁有絕大影響力。這幾個大企業又互相協調，謀求最大利益。

日本衣料用合成洗衣劑就是寡占市場的代表例子。這個產業主要由3家公司分享市占率。

價格〔詳見P100〕並非需求與供給〔詳見P34〕的均衡點，而是維持高漲，很難調降（價格的下降僵固性，downward rigidity）。因此，寡占市場並非以價格競爭，而主要是以設計、品質、機能、廣告宣傳、售後服務等非價格競爭（Non-Price Competition）。

獨占性競爭（Monopolistic Competition）

完全競爭〔詳見P70〕的條件之一，就是任何公司的產品都是同質性的，而獨占性競爭不符合這個條件。

1　在完全競爭的狀態下，因為商品都一樣，各公司互相競爭時，需求流向價格便宜者。

2　獨占性競爭，是吸引需求的競爭。不只用價格，還會用商品差異化等方式吸引顧客。商品差異化有兩種，第一種是實際的品質差異。以運動服為例：

● 雖然有多家公司販賣運動服……

● 但Ａ公司用以下方式來差異化：

打出Ａ運動服的機能及品質與其他公司不同，藉此得到顧客的青睞。

3 另一種商品差異化，就是讓買方留下「品質不同」的印象。以咖啡店為例：

4 差異化在品質、服務之外，也可藉由專利、商標、設計、廣告等創造。

總之，獨占性競爭可藉由商品差異化等方式發揮某種程度的獨占力，同時進行競爭。

卡特爾（Cartel）

指相同產業中具有競爭關係的經營者，為維護彼此的利益，共同商定商品價格、生產量、銷路等方面的協定，是一種限制市場競爭的聯合壟斷行為。

1　假設玻璃窗業界有 A、B、C 三家公司。

2　這三家公司為哄抬販賣價格，祕密商談，將玻璃窗價格提高到一片 1000 元以上。

3　為確保利益，彼此商議都不要降價，就是形成「卡特爾」。以這種方式限制了自由競爭，消費者不得不買高價的玻璃窗。

根據反獨占法〔詳見P92〕的原則，卡特爾是被禁止的。

市場失靈 (Market Failure)

要以價格〔詳見P100〕的調整機能形成有效率的資源分配〔詳見P75〕，必須有4個條件。以下4個條件，只要欠缺任何一個，都稱為「市場失靈」。

1　市場為完全競爭市場。也就是說，並非獨占或寡占等不完全競爭市場。

2　賣方、買方都掌握了必要、充足的資訊。

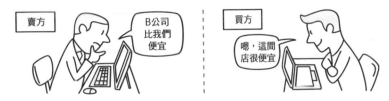

3　資源能自由移動

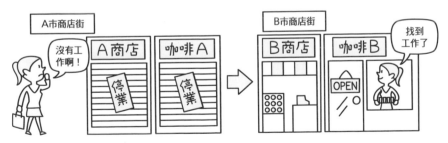

4　物品與勞務的價格是成本的適當反映。

麵包40元　　　　　　材料費10元　　　　　　人事費10元　　　　　　利潤20元

外部經濟（External Economy）

某些經濟活動不透過市場〔詳見P20〕，將利益給予其他第三者。

1　例如，延長鐵路路線，興建新車站。

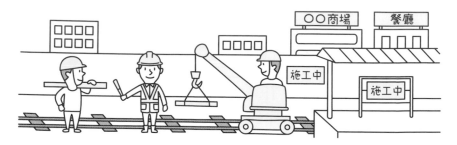

2　車站周圍蓋了大樓，因人口增加，原地的購物中心與餐廳的顧客也增加，得到利益。

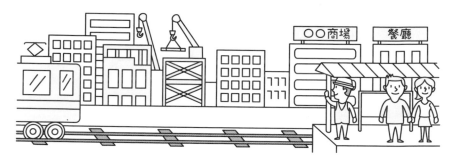

3　餐廳經營者並未負擔路線擴張與車站建設的成本，卻享受到顧客增加、銷售額提高等利益。

外部不經濟（External Diseconomy）

與外部經濟〔詳見P90〕相反，某些經濟活動不透過市場〔詳見P20〕，將損失給予其他第三者。

1 假設某地區要延長鐵路路線，興建新車站。

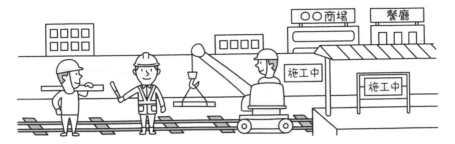

2 有些人因往來流動人口增加而獲得利益（外部經濟）。

3 但對原本的居民來說，住家附近有鐵路經過，會產生震動與噪音等害處。

尤其並未從鐵路公司到任何補償金，卻得承受負面影響。這種狀況便可稱為「外部不經濟」。

反獨占法（Antimonopoly Law）

資本主義市場經濟中，防止獨占、卡特爾的協調行為或不公平的行動，促進自由競爭，使以營利為目的之經濟活動更加活躍、保護消費者利益的法律。

同質產品（Homogeneous Capital Goods）

任何企業〔詳見P52〕都能生產品質等各方面都完全相同的產品，消費者不會介意這項物品〔詳見P13〕是哪家企業生產的。

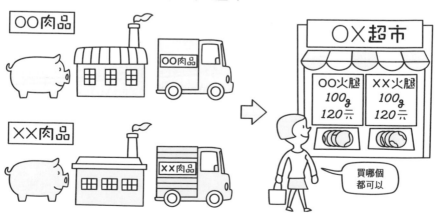

異質產品 (Heterogeneous products)

與同質產品相反的概念;雖然各個企業〔詳見P52〕所生產物品〔詳見P13〕的機能、品質都一樣;但消費者會認為某家企業所生產的物品特別不同。

1 假如有4家飲料廠商。

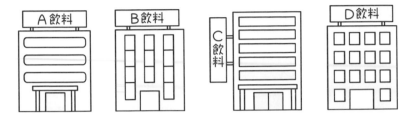

2 這4家廠商都製造無糖罐裝咖啡。

3 雖然這4間廠商做的都是無糖罐裝咖啡,但林先生喜歡A飲料的咖啡,陳先生喜歡B飲料的咖啡,王先生喜歡C飲料的咖啡,黃小姐喜歡D飲料的咖啡。

雖然產品相同,但因味道、個人喜好、設計等不同,而被視為不同的物品,這樣的產品便稱為「異質產品」。

賽局理論（Game Theory）

不管是人或企業〔詳見P52〕，都想在一定的規則下獲取利益，因而產生了一場場「賽局」，經濟社會就是由這些「賽局」所成立。人做決策時會相互影響，賽局理論以數理的手法分析這種狀況。

數學家約翰・馮・諾伊曼（John von Neumann，1903～1957）
與經濟學家奧斯卡・摩根斯坦（Oskar Morgenstern，1902～1977）合著的
《賽局理論與經濟學行為》（Theory of Games and Economic Behavior，1944）
出版後，賽局理論因此誕生。

馮・諾伊曼

摩根斯坦

1　假設有一個寡占〔詳見P85〕市場。

2　這個市場中的各個企業，一邊互相揣測對方會以什麼策略採取行動，一邊決定自己商品的生產量與價格。

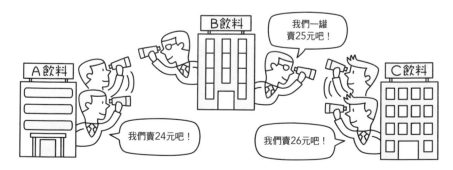

賽局理論中有一個有名的概念：囚犯的兩難〔詳見P96〕。

納許均衡（Nash Equilibrium）

賽局理論〔詳見P94〕中，表示非合作賽局（Non-cooperative game）狀況下的均衡；所有參與者彼此都選擇最好的策略，形成穩定的均衡狀態。

美國數學家約翰‧福布斯‧納許
（John Forbes Nash，1928～2015）所提出。

1 例如，2013年美國的頁岩油革命（從難以開採的頁岩層中開採石油、天然氣，為改變能源價格的革命）使需求的平衡崩解，原油價格從2014年後持續下跌。

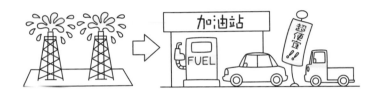

2 若考量到所有產油國的利益，最好的選擇是藉由減產來改善供需平衡，使價格回穩。

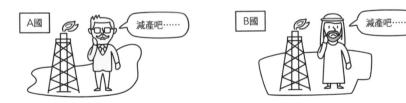

3 不過，即使自己與許多國家都減產了，若其他產油國增產，只會讓自己國家的市占率下降，想到這個損失，就下不了決心減產。

結果，原油價格〔詳見P100〕還是穩定地下跌。這事件可說是「納許均衡」的最佳實例之一。

囚犯的兩難 (Prisoner's Dilemma)

賽局理論〔詳見P94〕的代表模型之一。儘管是相互合作的關係,但雙方身處無法互動、溝通的環境下,選擇了彼此都不期待的背叛行為。

1 A、B兩名強盜嫌犯被捕,兩人分別被帶進不同的偵訊室。

錢拿出來!

2 檢方開始在不同的偵訊室裡審問兩名囚犯。

3 審訊官分別告知A、B這段話:

如果你招供,
他保持緘默,你會被釋放,
他會判刑10年。
若你們兩人都持續保持緘默,
則兩人都判刑1年。
若兩人都招供,就都判5年。
你要怎麼做呢?

B \	緘默	招供
緘默	A、B都判刑1年	A獲釋 B判10年
招供	A判10年 B獲釋	A、B皆判5年

4 這樣的條件擺在 A、B 眼前，若兩人想要輕判，最佳選擇就是都保持緘默。

5 不過，在無法相互溝通串供的環境下，兩人都怕對方招供出賣自己；結果兩人都選擇招供，都被判5年，這就是「囚犯的兩難」。

只追求自己的利益，未必會選擇對整體而言合理的選項；「囚犯的兩難」就是這種情況的代表性範例。

無名氏定理（Folk Theorem）

在非合作賽局的情況下，多數情況都像囚犯的兩難〔詳見P96〕，以自己的利益為優先，無法形成對全體而言最好的選擇。但如果這個賽局重複多次，就會產生互相合作的狀態。

1　只限一次的賽局，彼此都以自己的利益為優先。

2　賽局重複多次，會經過這樣的過程：除非對方合作自己才會繼續合作、若對方合作自己就合作、對方不合作自己就不合作等等。

3　如此一來，結局將是持續共同合作的狀態。

即使遇到「囚犯的兩難」，在賽局重複進行之下，因為策略選擇是以過去的行動為基礎，最後仍將形成最佳選擇：兩人都不招供。

市場的外部性 (Market Externalities)

市場失靈〔詳見P89〕的一種,物品與勞務〔詳見P13〕的價格〔詳見P100〕不能適當反映出成本,分為外部經濟〔詳見P90〕與外部不經濟〔詳見P91〕。

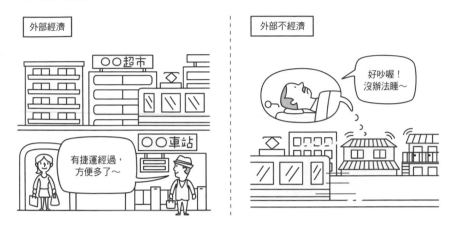

外部經濟指不透過市場,將利益給予其他第三者;外部不經濟則指不透過市場,將損失給予其他第三者。

生產理論 (Production Theory)

生產理論研究生產要素〔詳見P15〕、物品與勞務〔詳見P13〕等與產品的關係。

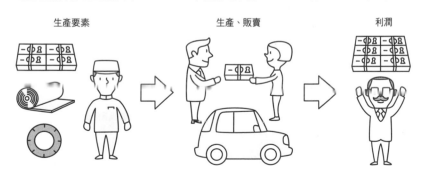

生產意味企業〔詳見P52〕的活動;企業投入資源、勞動力、資本等生產要素,生產、販賣物品與勞務,以使成果——利潤達到最高的活動。

價格（Price）

物品與勞務〔詳見P13〕的貨幣價值。在市場經濟的競爭中，價格是由需求與供給〔詳見P34〕的平衡點所決定。

1 價格的作用之一，就是以「若是那個價錢，誰都能賣（買）」的形式將生產者與消費者連結在一起，分配物品與勞務。

2 價格還有調節供需的功能。即使環境變化，透過價格的變動就能影響供需；因為消費者在高價時不買，生產者則因高價而更想販賣。

市場均衡（Market Equilibrium）

市場經濟中，物品與勞務〔詳見P13〕的供給量與需求量相等、價格〔詳見P100〕穩定的狀態。

自由放任（Laissez-Faire）

「Laissez-Faire」就是法文「自由放任」之意，也稱為「自由放任主義」。

英國經濟學家亞當·斯密
（Adam Smith，1723～1790）〔詳見P254〕**在其著作《國富論》**
（The wealth of nations）（譯注：The Wealth of Nations, Books IV-V，中文版由謝宗林、李華夏譯《國富論II》，先覺出版）**中的主張。**

1 應排除政府對國民經濟的管制與干涉，讓個人、企業的經濟活動自由競爭。

2 因此，政府只需保障私有財產與契約履行、解決紛爭等，維持社會安全與自由就夠了。

夜警國家
(Night-Watchman State)

自由主義的國家觀，認為政府只需執行確保社會安全與自由所需最低限度的任務即可。

 這是德國社會主義者斐迪南・拉薩爾（Ferdinand Lassalle，1825～1864）在其著作《工人綱領》（Das Arbeiterprogramm，1862）中的用詞，用來批判當時英國資產階級（bourgeoisie）的國家觀。

1　政府只需執行維持市民社會秩序所需最低限度的任務；如保障私有財產與確認契約履行、解決紛爭、保護國家等。

2　夜警國家可說是與福利國家（Welfare State）對立的思考方式。福利國家的觀點是國家應積極執行與國民相關之國家功能。

皮古稅 (Pigovian Tax)

為改善外部不經濟，對企業〔詳見P52〕等經濟主體〔詳見P21〕所課的稅。

由英國經濟學家亞瑟・西賽爾・皮古
（Arthur Cecil Pigou，1877~1959）提出，所以用他的名字命名。歐洲等地以課徵環境稅做為延緩地球暖化的對策，就是基於皮古稅的概念。

1 以環境問題為例，對企業課徵環境稅，除了生產所需的成本之外，企業還需繳納環境稅，生產成本就會提高。

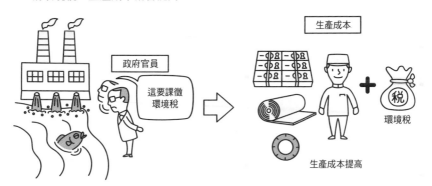

生產成本

政府官員

這要課徵
環境稅

環境稅

生產成本提高

2 因此抑制了生產活動，彌補了企業經濟活動所需成本（私人邊際成本，Private Marginal Cost，PMC）（譯注：指為了生產或消費一件物品，生產者或消費者自己必須承擔的邊際成本）與社會所承受的負擔額（社會邊際成本，Marginal Social Cost，MSC）（譯注：指每增加一個單位某種物品與勞務的生產所需增加的資源消耗之價值）之間的差距。（邊際成本）〔詳見P44〕

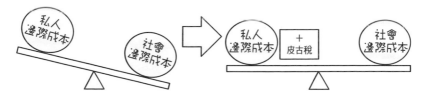

私人
邊際成本

社會
邊際成本

私人
邊際成本 + 皮古稅

社會
邊際成本

也就是說，皮古稅是為彌補私人邊際成本與社會邊際成本的差額而對經濟活動所課的稅賦。

公共財（Public Goods）

市場失靈〔詳見P89〕時，有些物品與勞務〔詳見P13〕能讓所有人都受惠，無論此人是否負擔價格〔詳見P100〕與成本。這樣的物品與勞務便稱為「公共財」。

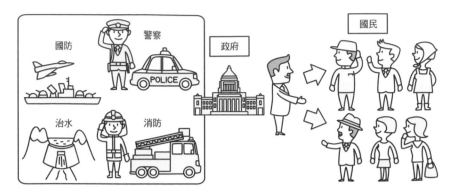

一個人消費了某項物品與勞務，但該物品與勞務的價值與他人的滿足感並不會因此而降低，而其他沒有消費的人也能使用，這樣的物品與勞務就叫做「公共財」。

私有財（Private Goods）

私有財就是消費者所購買的物品與勞務〔詳見P13〕，是與公共財相對的概念。

與公共財不同，一個人消費某項物品與勞務，其他人便無法再消費，他人的滿足感與該物品與勞務的價值也會因此而減低，且只提供給消費的人，這樣的物品與勞務就叫做「私有財」。

寇斯定理（Coase Theorem）

與皮古稅〔詳見P103〕觀點不同，寇斯定理認為即使政府不介入，外部不經濟的問題也會因民間自發的交涉而解決。

由英國學者羅納德・哈利・寇斯
（Ronald Harry Coase，1910～2013）提出，故以他的名字命名。

1　以工廠排出有害廢氣的企業與當地居民間的交涉為例。

2　為了居民的健康，最好不要有工廠排放廢氣；但因為有居民在該工廠工作，還是需要工廠存在。

3 因此，雙方要找出折衷方案。假如企業方認為居民方有呼吸乾淨空氣的權利，就會縮短排放廢氣的時間，添購減少廢氣的裝置，做為因應之道。

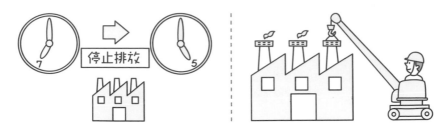

4 想盡可能降低成本、提高生產量的企業，會想辦法確認居民受到何種程度的損害，並內部討論要讓步到何種程度，居民才會接受？以此摸索出適當的生產量。

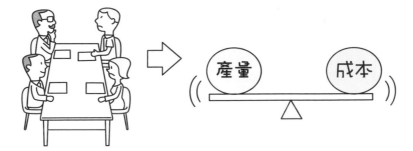

5 居民雖然向企業要求最高規格的因應方式，包含補償金；但居民方也知道，若要求太高，企業會關閉工廠、大幅降低生產量、解雇員工等。若演變至此就很難處理，所以也在尋找折衷方案。

寇斯定理主張，雙方如此互相讓步，就可能形成最好的資源分配方式。

6　只是，這個定理要成立，必須有幾個條件。首先，在最初階段，權利與義務必須分明。以此案例來說，可能會有以下條件：

・居民有呼吸乾淨空氣的權利。

・居民受廢氣所害到何種程度，要能以金錢掌握。

診療費

○○萬元

・知道雙方必須負擔的成本。

資訊蒐集費

契約履行費用

・經濟主體數量（企業與居民數）有限，彼此交涉容易。

但在現實中，許多案例的權利義務並不分明，當事者很多，為了進入交涉還必須花費人力、時間與金錢等等。因此，寇斯定理成立的難度很高。

道德風險（Moral Hazard）

交易之後，因雙方資訊不對稱〔詳見P112〕所產生的問題之一。

1　以汽車保險市場為例。

2　一旦加入汽車保險，即使稍微擦撞也能用保險理賠，開車就比較不認真。

3　若車子受損，可以用理賠金修好，可能會有人故意弄壞車子。

被保險人是疏忽還是故意，保險公司並未得到相關證據，這是因為資訊不對稱而產生的問題，而資訊不對稱就是道德風險發生的原因。

折現值
(Present Discounted Value)

指把將來一筆錢的價值〔詳見P16〕換算成現在的金額。因為金錢在現在的價值與未來會不相同，所以才需要換算。

1 例如，現在的100萬元與一年後的100萬元相比，現在的100萬元價值較高。

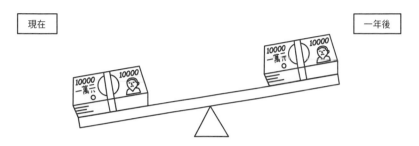

2 如果把現在的100萬元存進年利率5%的銀行，一年後可能變成105萬元。

3 如果把錢借給朋友，約定一年後償還，到時有可能只拿回98萬元。

4　雖然也有運用現在的100萬元獲取利益的機會，但也有一年後無法拿回100萬元的風險。

5　因此，金錢的價值，離現在愈遠價值愈低；所以在比較不同時間點的金錢價值時，必須調整時間軸。

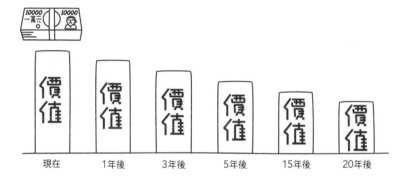

6　把現在的100萬元存進年利率5%的銀行（如上頁第2項所述），現在100萬元的價值在一年後的終值（Future Value，FV）（譯注：指現在一定量的資金在將來某個時點上的價值）就是105萬元。而一年後的100萬元若是以年利率5%來做資產運用，以下列方式計算，現在的價值大約是以下金額：

$$100萬元 \div (1 + 0.05) = 95.2萬元$$

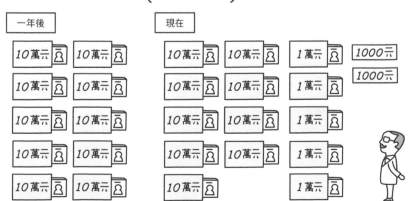

7 要計算將來的現金相當於現在的多少錢，可以用上述利率打折的方法計算。此利率（本例為5%）稱為折現率（discount rate），用這種方式算出的價值便稱為（本例為95.2萬元）折現值。

8 同樣的，2年後100萬元的折現值大約是以下金額：

$$100萬元 \div (1 + 0.05) \div (1 + 0.05) = 90.7萬元$$

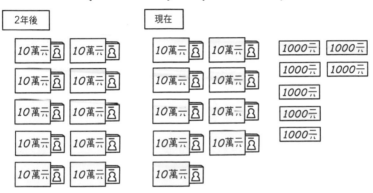

9 3年後100萬元的折現值大約是以下金額：

$$100萬元 \div (1 + 0.05) \div (1 + 0.05) \div (1 + 0.05) = 86.4萬元$$

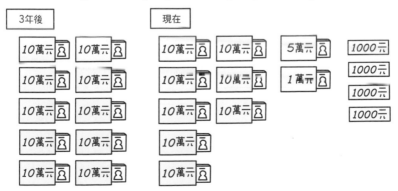

資訊不對稱
（Information Asymmetry）

買方與賣方擁有的資訊程度不同之意。有時會因此產生市場失靈〔詳見 P89〕的狀態。

美國經濟學家喬治・阿克洛夫
（George A. Akerlof，1940～）所提出。

1　以中古車市場為例，某中古車經銷商（賣方）擁有價值 50 萬元與 20 萬元的中古車，數量各半。

2　賣方很清楚這兩種中古車價值〔詳見 P16〕的差異，但買方不知道，亦即雙方的資訊有差別（資訊不對稱）。

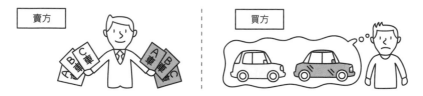

3　因為買方不知道哪種車的品質比較好，對於買 50 萬元的車感到猶豫，而想買 30 萬元左右的車。

4 買方若想買 30 萬元的車，賣方就想把 20 萬元的車當 30 萬元的車來賣。

5 因為高品質的 50 萬元中古車賣 30 萬元沒有賺頭，賣方就不會積極推銷高品質的中古車了。

6 結果，市場上充斥著品質較差的中古車。

7 美國中古車業界稱品質不良的中古車為「檸檬」，因此，這種資訊不對稱的市場便稱為「檸檬市場」(Lemons Market)。

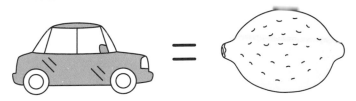

薩穆爾遜條件
(Samuelson Condition)

每個人為了讓國家多得到一單位的公共財〔詳見P104〕，最大限度願意放棄多少私有財〔詳見P104〕？將所有人願意放棄的數量加總，即社會全體為得到公共財所支付的金額；此金額與多生產一單位公共財所需追加的成本之平衡點，就是公共財最適當的供給點。

美國經濟學家保羅・薩穆爾遜
（Paul Anthony Samuelson，1915～2009）〔詳見P274〕
所提出。

1　某國提出總工程費用10億元的水庫建設計畫，興建水庫可解決缺水的問題，也有防洪、灌溉等功能。如果社會全體願意付10億元，政府便決定花10億元興建水庫。

2　全體國民每個人按照各自願意支付的水庫建設費（各人的邊際評價，marginal evaluation）來負擔費用，公共財（水庫）就能適當地將提供給國民。

3 建設一單位公共財（一座水庫），每個人最多願意負擔多少費用的總額，就是最適當的供給點。對於水庫費用，民眾有三種想法：

10萬元＋50萬元＋3萬元＋○萬元＋○萬元……＝累計總額為最適當的供給點

4 不過，政府很難掌握各個國民願意負擔的金額，水庫完成後，也無法排除特定人士享用它的好處與效果。

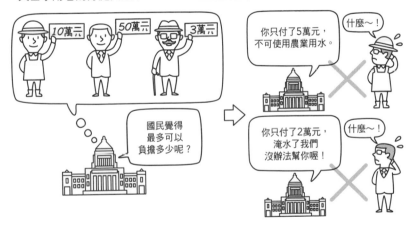

5 因此產生了搭便車者的問題：不想負擔成本，卻想享受水庫的好處。

因此，適當的成本負擔是很難達到的，這使公共財的適當供給也變得困難。

供需落差（Supply-Demand Gap）

需求與供給〔詳見P34〕間有差距之意。供過於求時，物品剩餘，可能導致通貨緊縮（Deflation）〔詳見P159〕。

1　各式各樣的商品製造上市，但需要的人（需求）很少。

2　東西賣不出去，供給方（企業）就會降價求售。

3　因為降價，使企業業績變差，便決定降低成本；於是要求進貨業者降價，裁減員工薪水，導致景氣惡化。

價格的自動調整功能
(Automatic Adjustment Function of Price)

市場上的價格〔詳見P100〕能自動使供給量與需求量〔詳見P34〕一致。

1 完全競爭市場中，正在進行價格競爭。

2 在這個市場中，即使供需不平衡，但因價格的改變，供給與需求會往一致的方向移動。

這種價格的變化是在市場〔詳見P20〕自動進行。亞當・斯密〔詳見P254〕把這種市場經濟狀況形容為「看不見的手」（invisible hand）。

市場價格 (Market Price)

在交易物品與勞務〔詳見P13〕的完全競爭市場〔詳見P70〕中、供給與需求〔詳見P34〕的關係下實際成立的價格〔詳見P100〕。

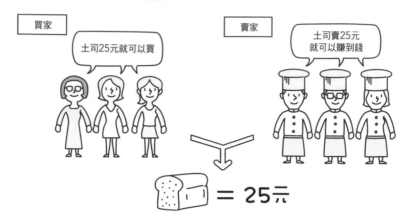

均衡價格 (Equilibrium Price)

在完全競爭市場〔詳見P70〕中,需求量與供給量均衡時的價格〔詳見P100〕。位於需求線〔詳見P37〕與供給線〔詳見P38〕的交叉點。

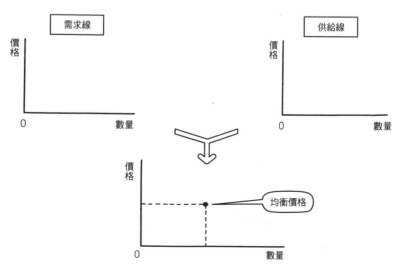

市場機能 (Market Mechanism)

在完全競爭市場〔詳見P70〕中，供給與需求〔詳見P34〕的平衡決定物品與勞務〔詳見P13〕的價格；而配合該價格，供給方調節生產量、需求方調節消費量的機制，就稱為「市場機能」。

1 因資源有限，必須思考要生產什麼產品、產量多少，以及用什麼方式生產。

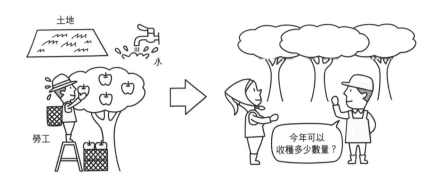

2 以賣方的立場，低價時不想出售，就減少出貨；高價時想賺錢，就增加出貨。

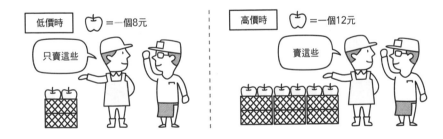

3 以買方的立場，產品高價時不太想買，節制消費；低價時則大量購買。

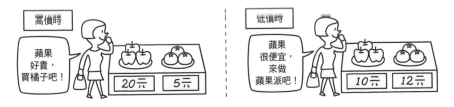

如此，由供需平衡決定價格，賣方配合該價格調整生產量，買方則配合該價格調整消費量。

Macroecono

總體經濟學

第 3 章

GDP（國內生產毛額）
（Gross Domestic Product）

在一定期間內，一個國家全體國民新生產出來的附加價值〔詳見P155〕之總和，是該國經濟整體表現的指標。囊括範圍是國內生產的物品與勞務〔詳見P13〕，所以不只該國國民與企業，住在該國的外籍人士、外國企業的經濟活動也包括在內，也可說是國家的成績單。

1　以下4項不列入GDP：

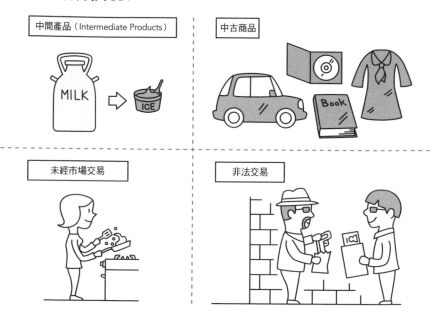

2　第1項是中間產品。列入GDP的是最終產品（Final Products）〔詳見P142〕，而中間產品〔詳見P142〕是用來生產最終產品的；如果把中間產品計算在內，就會重複計算，而使GDP數字過高。舉例來說，冰淇淋店的牛奶是從牧場進貨。

3 此案例中，列入GDP的是冰淇淋的生產額，牧場販賣給冰淇淋店的牛奶是中間產品，要從GDP中扣除。

4 其次是中古商品的販賣。以車為例，列入GDP的是成為中古車前的新車生產階段；而中古車並非新生產的物品，所以不列入GDP。

5 第3項是未經市場交易，家務勞動就是其中的典型。

6 第4項是犯罪組織的非法交易。例如毒品買賣被稱為地下經濟，不列入GDP。

GNP（國民生產毛額）
（Gross National Product）

在一定期間內，該國國民新生產出來的附加價值〔詳見P155〕之總和。

1 該國國民所創造的附加價值之總和，與在哪個國家生產無關。以日本為例，在
　國外工作的日本人所創造的附加價值也包括在內。

124

2 GNP的計算是以GDP〔詳見P122〕為基礎，但與GDP不同，在國內的外籍人士、
　外國企業之經濟活動所生產的附加價值並不包括在內。

不列入
GNP

NDP（國內生產淨額）
（Net Domestic Product）

從 GDP〔詳見P122〕中扣除固定資本消耗（即「折舊與攤銷費用」）〔詳見P65〕，用以下公式表示：

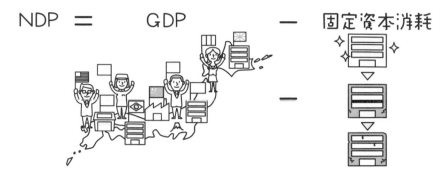

為了正確顯示該國新生產的附加價值，所以設備等價值減少的部分（固定資本消耗）要從附加價值總額中扣除。

NNP（國民生產淨額）
（Net National Product）

從 GNP〔詳見P124〕中扣除固定資本消耗（折舊與攤銷費用）〔詳見P65〕，用以下公式表示：

為了正確顯示該國國民新生產的附加價值，所以設備等價值減少的部分（固定資本消耗）要從附加價值總額中扣除。

SNA（國民經濟會計制度）
(System of National Accounts)

用來記錄一國整體經濟的全面性架構，為聯合國所推行，基於世界共通標準與概念製作而成。包括5種資料，能掌握一國的流量（Flow）〔詳見P128〕與存量（Stock）〔詳見P128〕。許多國家都以此相同標準製作SNA，因此可用來進行國際間的比較。包括的5種資料如下：

1 國民所得會計（National Income Accounts）——推算、掌握某期間內新生產的物品與勞務〔詳見P13〕。可從三方面來推算：其一是從生產面，即附加價值扣除中間產品〔詳見P142〕的總和；其二是最終需求（Final Demand）加總；其三是從薪資、利潤等所得的分配面來推算。

2 產業關聯表（Interindustry Table）——又稱「投入產出表」（Input-output Table），將投入與產出以矩陣表示，用來掌握某段期間內所有物品與勞務的生產與使用方式。

銷路結構 →

投入＼產出		中間產品			最終需求				國內生產額
		食品	衣服	合計(A)	消費	固定資本形成	其他	合計(B)	(A+B)
中間投入	食品	100	10	110	80	20	20	120	230
	衣服	20	80	100	70	10	10	90	190
	合計(C)	120	90	210	150	30	30	210	420
粗附加價值	雇用者所得	60	50	110					
	營業盈餘	20	30	50					
	其他	30	20	50					
	合計(D)	110	100	210					
國內生產額(C+D)		230	190	420					

成本結構 ↓

$$A+B=C+D$$

譯注：中間投入（Intermediate Input）：生產要素可以分為原始投入（primary input）和中間投入（intermediate input）兩種。原始投入是指未經加工的生產要素；中間投入是指由原始投入加工而成，用於生產的中間過程者〔引自毛慶生、朱敬一等著《經濟學概要》，華泰文化出版〕。最終需求（Final Demand）：在生產、進口的物品與勞務中，家戶、政府的一般消費或資本形成等最終的需求，而非作為產業原材料而再度進入生產過程的中間消費物品。

3 國際收支平衡表（Balance of Payment Table）──顯示某段期間對國外的物品與勞務交易與對外所得收支、轉移的交易。

4 資金流量表（Flow of Funds Accounts）──第 1～3 項是物品與勞務的交易（實物交易），資金流量表則是處理實物交易背後的資金流動、獨立於實物交易的金融交易（流量，如借入資金購買股票），也處理金融資產、負債餘額等（存量）。

5 國民資產負債表（Balance-sheet for the Nation）──第 1～3 項都是處理流量，而這個表是顯示流量交易、資產變動所留下的存量。不只是金融資產負債表，也評估住宅、大樓、機械設備、土地等有形固定資產與軟體等無形固定資產的價值。

流量（Flow）

一定期間內物品的增加與減少程度。GDP〔詳見P122〕表示物品與勞務〔詳見P13〕的流通，就是流量的代表例子。

舉例：表示 1 年內製造多少汽車、興建多少大樓、開鑿多少道路等。

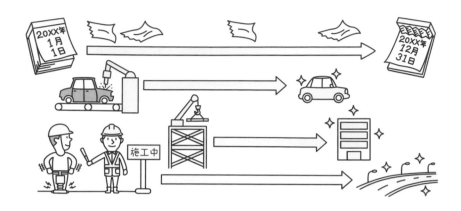

存量（Stock）

過去到現在流量累積的結果，表示累積了多少物品。也稱為國富（National Wealth），就是某一時間點該國的「面貌」。

舉例：某個時間點有多少汽車、大樓或道路，表示累積的結果。

名目GDP（名目國內生產毛額）
（Nominal GDP）

不考慮物價〔詳見P134〕變動影響的GDP〔詳見P122〕。

1 名目是什麼意思呢？假設有個國家只栽種橘子。

2 如果該國一個橘子賣10元，去年橘子產量10000個，則該國GDP為以下金額：

10元×10000個＝10萬元

3 若今年物價上漲2成，橘子一個賣12元，產量增為12000個，今年該國GDP
則為以下金額

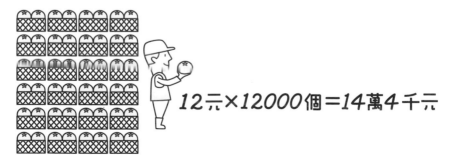

12元×12000個＝14萬4千元

去年的GDP是10萬元，今年的GDP是14萬4千元，GDP增加了4萬4
千元。不過這個金額並未扣除物價上漲2成的影響，故稱為「名目GDP」。

實質GDP（實質國內生產毛額）
（Real GDP）

扣除物價變動影響的GDP〔詳見P122〕，與名目GDP〔詳見P129〕有所差異。

1　「實質」是什麼意思呢？只栽種橘子的國家，如果一個橘子賣10元，去年橘子產量10000個，該國GDP為以下金額：

10元×10000個＝10萬元

2　若今年物價〔詳見P134〕上漲2成，橘子一個賣12元，產量增為12000個，今年該國GDP為以下金額：

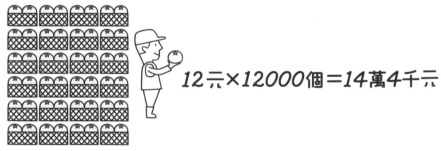

12元×12000個＝14萬4千元

3　不過，若扣除物價上漲2成的影響，以橘子一個10元，生產量12000個計算，今年該國GDP則為以下金額：

10元×12000個＝12萬元

亦即，這個金額是以去年為基期（base year）（譯注：選定作為比較基礎的年份），扣除物價上漲2成的影響，故稱為「實質GDP」。

GDP平減指數
（國內生產毛額平減指數）
（GDP Deflator）

從某國的名目GDP〔詳見P129〕算出實質GDP〔詳見P130〕所用的指數，為物價〔詳見P134〕動向的指標。

1 GDP平減指數公式：

$$GDP平減指數＝名目GDP÷實質GDP×100$$

2 以下表格為名目GDP、實質GDP章節中提到的A國橘子生產量去年與今年的比較：

	去　年	今　年	
		名目GDP	實質GDP
	10元 × 10000個 ＝10萬元	12元 × 12000個 ＝14萬4千元	10元 × 12000個 ＝12萬元

3 這張表顯示了名目GDP與實質GDP，用GDP平減指數公式計算，結果如下

$$14萬4千元÷12萬元×100＝120$$

從這個數字可知，若設基期（本例為去年）的物價為100，超過100即物價上漲（Inflation）（通貨膨脹）〔詳見P156〕，未滿100即物價下跌（Deflation）（通貨緊縮）〔詳見P159〕。

平均每人國內生產毛額
（人均GDP）(GDP Per Capita)

GDP〔詳見P122〕的總額除以人口，表示該國國民的生活水準。

1　一般而言，GDP愈大，經濟愈富裕；但GDP受人口多寡影響，用人均GDP
比較能正確表示國民的富裕程度。

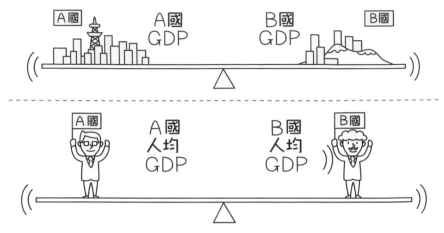

2　在比較國民的人均GDP時，因物價〔詳見P134〕的影響也會反映在外匯上，所以
使用名目人均GDP。

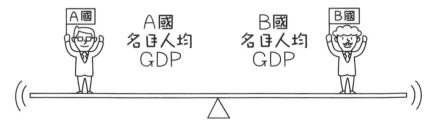

3　另一方面，要觀察一國長期生活水準的變化，要排除人口增減的影響，用實質
人均GDP比較能有效掌握。

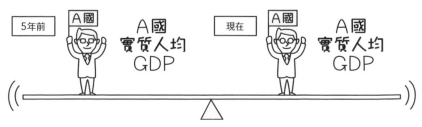

NI（國民所得）(National Income)

某一定期間內（通常是一年間）該國國民所賺收入的總和（附加價值）〔詳見P155〕。

1 國民所得的計算公式：

$$NI（國民所得）＝ NNP（國民生產淨額）－間接稅＋補貼$$
(indirect tax)　(subsidies)

2 假設某國國民只栽種橘子，今年橘子生產10000個，一個價格10元，固定資本消耗（即折舊與攤銷）〔詳見P65〕1萬元，則該國的GNP〔詳見P124〕與NNP〔詳見P125〕如下：

GNP……10元×10000個＝10萬元
NNP……10萬元－1萬元＝9萬元

3 橘子的10元中，包含間接稅（營業稅）1元；而橘子的生產者能領到國家發的補貼，一個橘子補貼0.5元。
　間接稅（營業稅）的總額為10元×10000個＝1萬元
　補貼的總額為0.5元×10000個＝5000元

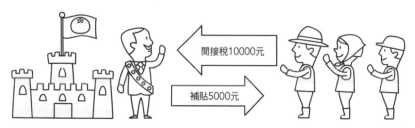

間接稅10000元

補貼5000元

4 因此，加上國家的補貼、扣除支付給國家的間接稅之後，就是該國國民真正賺到的所得：

$$8萬5000元 ＝ 9萬元 － 1萬元 ＋ 5000元$$

該國國民所得　　國民生產淨額　　間接稅　　補貼

物價（Price）

指物品價格〔詳見P100〕。通常不是指各個物品與勞務〔詳見P13〕的價格，而是概括性地掌握各種物品與勞務的價格。

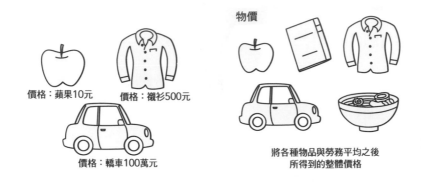

物價

價格：蘋果10元　價格：襯衫500元

價格：轎車100萬元

將各種物品與勞務平均之後
所得到的整體價格

物價指數（Price Index）

將各種物品與勞務〔詳見P13〕的價格變動用指數表示，以得知物價〔詳見P134〕如何變化。

為測量物價起伏，決定以某年為基期，設定當年的物價為100，測量漲跌情況。

去年物價＝100　　　　　　　　　　　　　　今年物價＝？

若今年物價高於100，就是「物價上漲」；若低於100，則為「物價下跌」。

消費者物價指數（CPI）
（Consumer Price Index）

用指數表示消費者日常購買的物品與勞務〔詳見P13〕之平均價格〔詳見P100〕。
此指數是物價〔詳見P134〕動向最重要的指標。

1 假設A國國民去年一年間消費了各式各樣的物品。

2 消費的物品大約有以下幾種，總額100萬元。

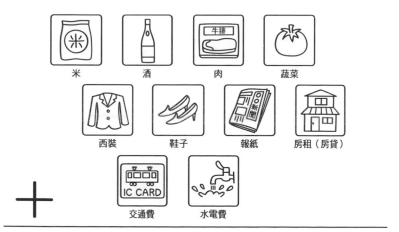

3 假設A國國民今年購買了相同數量的相同物品，總額105萬元。

米　　　　酒　　　　肉　　　　蔬菜　　　西裝

鞋子　　　報紙　　房租（房貸）　交通費　　水電費

105萬元

4 去年的消費額是100萬元，今年的消費額是105萬元，如果設去年的100萬元為100，今年則為105。這就是今年與去年比較的消費者物價指數。

$$去年的消費額＝100萬元→100$$
$$＝105萬元→105$$

$$物價上漲率＝5.0\%$$

5 從消費者物價指數中看到的，並非各個物品與勞務的價格漲跌程度，而是整體物價的漲跌情況。

物價

6 消費者物價指數被用來作為調整水電費、瓦斯費等公共事業費用、交通費用、年金等價格的指標。

好，調降
公共事業
費用吧！

年金手冊

7　日本的消費者物價指數包含：家電、食品、房租、公共事業費用等的價格。

8　但是，生鮮食品容易因為天氣等暫時因素而價格變動，所以在測量中期的物價變化時，比較重視扣除生鮮食品的消費者物價指數（稱為「核心CPI」，Core CPI）。

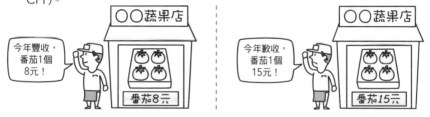

9　日本還有一種指數通稱「核心核心CPI」，是從核心CPI中扣除「食品（酒類除外）與能源」的綜合指數。這也是美國等其他國家相當重視的指標。（譯注：美國的「核心CPI」相當於日本的「核心核心CPI」）

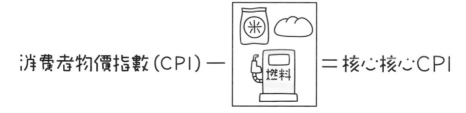

日本長期通貨緊縮，想要脫離通貨緊縮，必須相當重視CPI（核心CPI）。各國的中央銀行〔詳見P154〕管理金融政策，物價水準目標多以CPI為大致標準。雖然物價目標的數值與期間、目的等，各國、各地皆不同，但通常中央銀行會與政府緊密合作決定目標數值。

企業商品價格指數（CGPI）
（Corporate Goods Price Index）

企業間交易的物品〔詳見P13〕價格變動之測定指標。這個指標因為其快速的特性，常用來當做判斷景氣動向、金融政策的資料。

1　看企業商品價格指數時，要注意不同需求階段（原物料、中間產品〔詳見P142〕、最終產品〔詳見P142〕）的企業物價動向。

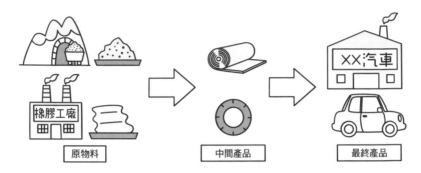

| 原物料 | 中間產品 | 最終產品 |

2　物價變動是依照「原物料→中間產品→最終產品」的順序，環環相扣。

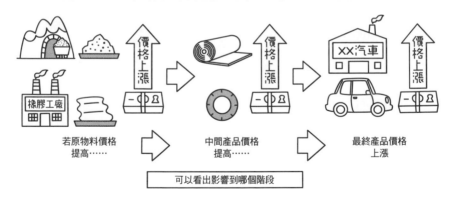

若原物料價格提高……　　中間產品價格提高……　　最終產品價格上漲

可以看出影響到哪個階段

3　最終產品的物價變動會透過消費者物價影響個人消費，可說是重點指標。

汽車價格漲了一點～

生產者物價指數（PPI）
(Producer Price Index)

是美國使用的指標，用指數表示國內生產者的批發價格，與CPI〔詳見P135〕都是通貨膨脹率與物價變動率的判斷資料。

1 PPI是用指數表示企業〔詳見P52〕販賣物品與勞務〔詳見P13〕時的價格變動，依照不同製造階段（原物料、中間產品、最終產品〔P142〕）、品目與產業別，發表詳細數值。

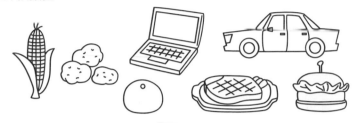

2 其中，核心PPI（扣除價格易受天候、季節影響而變動的物品）也相當受重視。

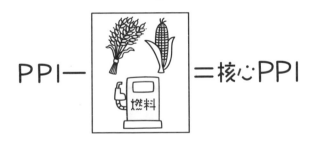

3 PPI也可當做調查將來通貨膨脹〔詳見P156〕的可能性、測量企業將成本轉嫁至消費者程度之指標。

生產者物價指數相當於日本的企業商品價格指數（CGPI）〔詳見P138〕。

經濟成長（Economic Growth）

一個國家物品與勞務〔詳見P13〕的總生產量（GDP）〔詳見P122〕隨著時間增加、成長。

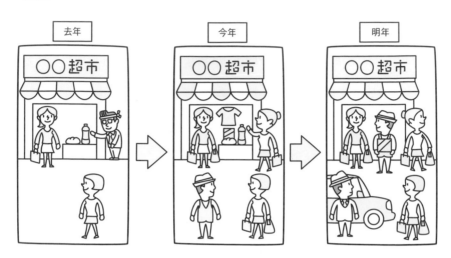

140

經濟成長率（Rate of Economic Growth）

一個國家在一定期間內經濟成長的程度。可用GDP〔詳見P122〕、NI〔詳見P133〕的增減測量。

• A國去年到今年經濟成長了多少？

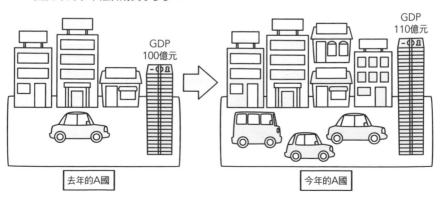

名目經濟成長率
(Rate of Nominal Economic Growth)

在一定期間內，名目GDP〔詳見P129〕成長的比率。

• 假設A國只栽種橘子

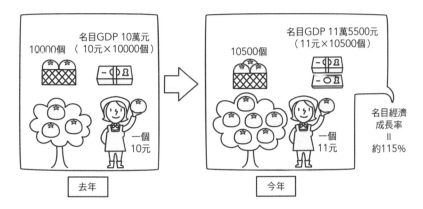

名目GDP 10萬元
10000個 （ 10元×10000個 ）

一個
10元

去年

名目GDP 11萬5500元
（ 11元×10500個 ）

10500個

一個
11元

今年

名目經濟
成長率
＝
約115%

實質經濟成長率
(Rate of Real Economic Growth)

在一定期間內，實質GDP〔詳見P130〕成長的比率。

• 假設A國只栽種橘子

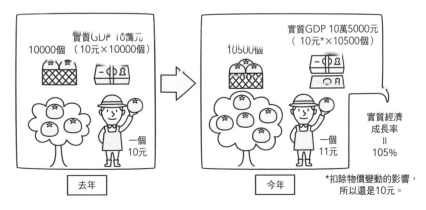

實質GDP 10萬元
10000個 （ 10元×10000個 ）

一個
10元

去年

實質GDP 10萬5000元
（ 10元*×10500個 ）

10500個

一個
11元

今年

實質經濟
成長率
＝
105%

*扣除物價變動的影響，
所以還是10元。

最終產品（Final Product）

用於最終的消費、投資與出口的產品，列入 GDP〔詳見P122〕，又稱最終財。

以麵包店為例

原物料　　　　　　　　加工做成麵包　　　　　製作完成的麵包
　　　　　　　　　　　　　　　　　　　　　　販賣給客人，
　　　　　　　　　　　　　　　　　　　　　　所以是最終產品

中間產品（Intermediate Product）

最終產品〔詳見P142〕的生產過程中投入的原物料，又稱中間財。

以麵包店為例

在麵包店，
上述材料為中間產品　　　　　　　　　　　　　　　　最終產品

所得（Income）

參與經濟活動、生產活動的人所獲得之等價報酬。

國民所得生產面
（Productive National Income）

一個國家國民生產金額總和，是以下各產業的總和。

農、林、水產等
直接從自然環境
獲得產品的產業

建築、製造業等，
將原物料加工的產業

以上兩者之外的產業，
如通訊、保險等服務業

國民所得分配面
(Distribution of National Income)

由參與生產的生產要素〔詳見P15〕之分配面來計算 NI〔詳見P133〕，是受雇者所得與營業盈餘的總和。

國民所得支出面
(Expenditure National Income)

從支出面來計算 NI〔詳見P133〕，公式如下：

民間最終消費支出 —— 國民使用物品與勞務的總額
＋
政府最終消費支出 —— 政府用於公共服務、公務員薪資等的總額
＋
國內資本形成毛額 —— 追加購買建築物、機械等的總額
(Gross Domestic Capital Formation)
＋
備貨增加 —— 以金額表示企業備貨增加的部分
(Increase in Inventories)
＋
淨出口 —— 出口額減進口額
(Increase in Inventories)
＝
國民所得支出面

不過，因為是國民所得，還必須扣除固定資本消耗〔詳見P65〕及「間接稅－補貼」，這點和從支出面計算的 GDP〔詳見P122〕不同。

所得重分配
(Redistribution of Income)

改善市場經濟造成的所得〔詳見P143〕分配之差距。

1 市場經濟制度下的社會崇尚競爭，必然產生所得的差距。

2 為改善貧富差距，政府運用各種機制，進行高所得者對低所得者的重分配。

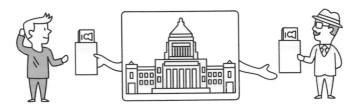

3 例如，使用累進稅制〔詳見P146〕，所得愈高者稅率愈高，繳納金額、稅金負擔比例也較高。

低所得者稅金
（稅率）較低

高所得者稅金
（稅率）較高

4 運用社會保障制度，透過以稅金支付失業給付等措施，給予低所得者給付，縮小貧富差距。

累進稅制
(Progressive Tax System)

所得〔詳見P143〕愈多稅率愈高的制度，高所得者不僅繳納稅金的絕對金額較高，所得中所占的稅金負擔比例也較高。

1　首先看比例稅制（Proportional Tax）（譯注：稅賦占所得的固定比例）的情況，假設某國稅率是5%。

2　在這個國家工作的A先生所得100萬元，B先生所得200萬元，C先生所得500萬元，D先生所得1000萬元。

3　若採用比例稅制，4人稅金如下表。所得高者稅金也高，但在所得中所占的比例都是5%。

	所　得	稅　金
A 先生	100萬元	5萬元
B 先生	200萬元	10萬元
C 先生	500萬元	25萬元
D 先生	1000萬元	50萬元

4 再來看累進稅制的情況，這個國家的累進稅率如下表：

所得	累進稅率
100萬元以下	5%
100萬元以上～200萬元以下	8%
200萬元以上～500萬元以下	10%
500萬元以上	15%

5 這種稅制下，所得愈多，稅率就愈高。前述4人的納稅額如下表：

	所 得	稅 金
A先生	100萬元	5萬元
B先生	200萬元	16萬元
C先生	500萬元	50萬元
D先生	1000萬元	150萬元

6 亦即，當所得增加，不只稅金金額較高，所得中所占的稅金比例也較高，所得愈高負擔愈重。

7 這樣的制度能避免財富集中，達到所得重分配（詳見P145）。

三面等價原則
(Principle of Equivalent of Three Aspects)

GDP〔詳見P122〕從生產、分配、支出三方面所計算出來的金額應相等。

1　生產面：某段期間內該國所製造的物品與勞務〔詳見P13〕之附加價值總額。

2　分配面：表示該國在某段期間內生產物品與勞務所得的收入如何分配。

3　支出面：某段期間內該國人將所分配到的薪資用在物品與勞務的消費上，如吃、喝、使用等。

4　這3種金額應該是相等的，稱為三面等價原則。

5 假設 A 國只栽種蘋果，全國共有 5 人。該國擁有蘋果農場的是 A 先生，其他 4 人則在 A 先生的農場工作。

6 某年蘋果的收穫有 200 萬元，A 先生付給 4 名員工每人 30 萬元薪資，作為勞務對價；剩下的 80 萬元就當成農場利潤，分配給擁有者 A 先生。

200萬元　　利潤80萬元　　薪資30萬元　　薪資30萬元　　薪資30萬元　　薪資30萬元

7 A 先生將得到的錢購買 80 萬元的蘋果，其餘 4 人各自購買 30 萬元的蘋果。

80萬元的蘋果　　30萬元的蘋果　　30萬元的蘋果　　30萬元的蘋果　　30萬元的蘋果

8 整理以上結果如下圖，生產、分配、支出的金額相等，三面等價原則成立。

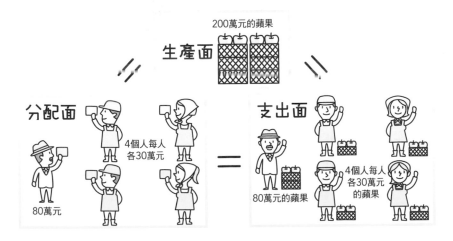

200萬元的蘋果

生產面

分配面　　4個人每人各30萬元

80萬元

支出面　　4個人每人各30萬元的蘋果

80萬元的蘋果

9　分配面 GDP 的詳細公式如下。公式右側稱為國內所得毛額（GDI）。也就是說，「分配面的 GDP＝國內所得毛額（GDI）」

$$GDP（分配面）＝受雇者所得＋營業盈餘＋固定資本消耗＋（間接稅－補貼）$$

10　「受雇者所得」指企業將生產活動所得收入以薪資的形式分配給勞動者。「營業盈餘」指企業收入支付給經營者的報酬，以及給提供資金的股東股息紅利。

11　此外也包含生產所需的機械、工廠等設備價值耗損（固定資本消耗）〔詳見P65〕的部分。

12　稅金之中，營業稅等間接稅也是分配的對象，補貼則相當於企業的收入，以分配的觀點來看必須扣除。

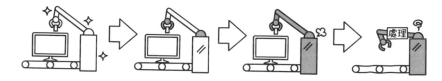

13　支出面 GDP 的詳細公式如下。公式右側稱為國內支出毛額（GDE），亦即「支出面的 GDP＝國內支出毛額（GDE）」。

$$GDP（支出面）＝民間最終消費支出＋政府最終消費支出＋國內資本形成毛額＋備貨增加＋淨出口（Net\ Export）$$

14 民間最終消費支出：企業、個人消費物品與勞務時支付的費用。

15 政府最終消費支出：政府所負擔的支出，包括公務員的薪資、公共醫療保險制度的負擔、公共建設的固定資本消耗、公家機關的物品與勞務支出等。

16 國內資本形成毛額：該年國家、企業與個人新追加的固定資本（建築物、機械等）總額，表示該年有多少投資。

17 備貨增加：該年企業製造的商品，今後將成為銷售額，與利潤密切相關。即使賣不出去成為庫存，也被視為將來的支出。

淨出口：出口額減進口額，表示國外消費了多少本國的物品與勞務。

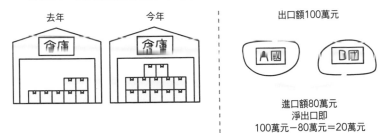

綜上所述，生產（GDP）＝分配（GDI）＝支出（GDE），稱為三面等價原則。

貨幣（Money）

在取得物品與勞務〔詳見P13〕時支付的等價「金錢」。貨幣有以下3種功能：

1　表示物品的價值……所有物品都訂出價格。

用貨幣比較容易理解

2　支付的工具……交換物品時用來支付。

價值不相等時很麻煩

152

3　可儲蓄……為將來做準備

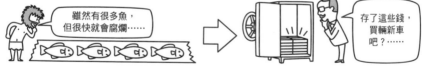

金融（Finance）

家戶〔詳見P19〕、企業〔詳見P52〕和政府間，有多餘金錢者對缺乏金錢者的資金融通。

銀行（Bank）

代個人或企業〔詳見P52〕收存資金，對個人或企業進行資金貸款業務的金融機關。業務主要有以下3種：

1 貸款方與借款方的中介。

2 使用銀行帳戶支付的功能。

3 銀行將存款反覆貸出，有增加金錢的功能，稱為信用創造（Credit Creation）〔詳見P192〕。

如上圖，將吸收的存款貸出一部分，再收存存款，再貸出一部分，再收存存款……如此反覆進行，就叫做「信用創造」。

中央銀行（Central Bank）

一個國家負責通貨、金融〔詳見P152〕的主要機構。日本的中央銀行是日本銀行，美國的是美國聯邦準備理事會（The Federal Reserve Board，FRB）（譯注：台灣的則為「中華民國中央銀行」），名稱雖有不同，其主要有以下 3 種功能：

1　日本銀行發行的紙幣

日本硬幣是由政府發行，非日本銀行
（譯注：台灣的所有貨幣都是由中央銀行發行）

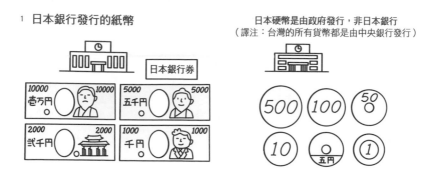

2　擔任政府的銀行

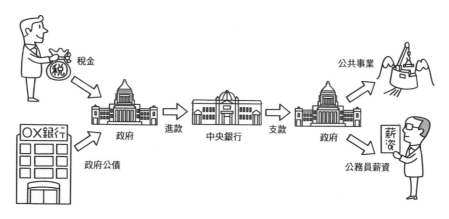

3　擔任銀行的銀行

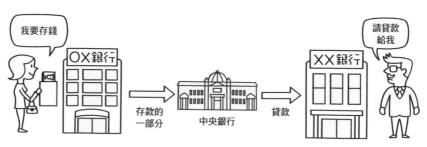

附加價值 (Added Value)

企業〔詳見P52〕新製造的物品與勞務〔詳見P13〕之生產額中，扣除製造所需原物料費與中間產品〔詳見P142〕費用之後的餘額。

1 某農戶批發麵粉給某麵包店。如果不把麵粉視為中間產品，農戶產生的附加價值如下：

2 麵包店用麵粉製作了5萬元份的麵包，其中3萬5千元份在店中販賣，另外1萬5千元份則賣給聽聞該店好評的飯店。

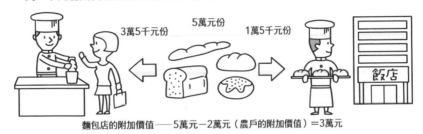

麵包店的附加價值——5萬元－2萬元（農戶的附加價值）＝3萬元

3 飯店1萬5千元份的麵包加上精心的服務，共賣出3萬元。

飯店的附加價值——
3萬元－1萬5千元＝1萬5千元

4 綜上所述，最終產品的總額與附加價值的總額一致。

	麵包店的販賣 ╋	飯店的販賣 ═	最終產品的價值
最終產品	35000元 ╋	30000元 ═	65000元

	農戶的附加價值 ╋	麵包店的附加價值 ╋	飯店的附加價值 ═	合計
附加價值	20000元 ╋	30000元 ╋	15000元 ═	65000元

通貨膨脹（Inflation）

物價〔詳見P134〕持續上升，實質貨幣〔詳見P152〕的價值〔詳見P16〕長期下降。導致通貨膨脹有以下3個可能的原因：

通貨膨脹就是物品與勞務〔詳見P13〕價格上漲，金錢的價值下跌。

1　第1個原因是物品與勞務普遍需求高於供給；物品與勞務的不足導致價格攀升，引起通貨膨脹。

- 想要某種商品的人增加

- 想要的人，即使價格昂貴仍會想買，這是對賣方有利的狀況。因此，賣家想盡量多賺，就會提高價格；價格上漲後，物價也隨之上漲。

2　第2個原因是商品製造成本提高。

- 公司員工要求加薪，於是薪資提高了。

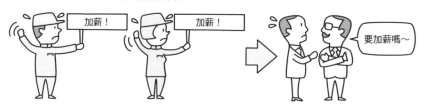

- 商品原物料價格上升

10萬元　　　　　5萬元　　　　　　15萬元　　　　8萬元

- 為彌補人事費與原物料成本上升的部分，提高商品價格，於是物價隨之上漲，引發通貨膨脹。

沒辦法，只好提高價格了

100萬元　　　　　120萬元

3　第3個原因是金錢的供給量增加，引發通貨膨脹。

- 若金錢的供給高於經濟成長率，薪資就會增加。

- 於是，許多人購買力增加，買了許多商品；商品暢銷，薪資就提高，人們就會買更多東西；因需求增加，價格便逐漸上升。

157

金錢供給量少

沒錢，還是忍著不要買吧！

電器行

金錢供給量多

電視、冰箱、電燈都要買！　　謝謝

電器行

CAR SHOP　　我要這輛車　　謝謝

獎金　　○○汽車

惡性通貨膨脹
（Hyper Inflation）

短期間內猛烈增長的通貨膨脹〔詳見P156〕，物價〔詳見P134〕上升數十倍，甚至數百、數千倍。

1　通貨膨脹幅度小時，薪資會調高，需求會增加，經濟會成長。

2　不過，如果是政局不安、負債累累的國家，會因為錢不夠而大量印刷金錢散布。於是，擁有金錢的人增加了……

158

3　金錢過度增加，社會上大量充斥金錢，於是金錢價值下跌，物價急劇上漲。

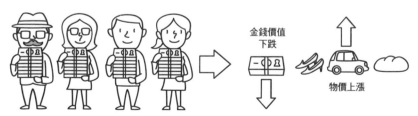

4　這種極端的通貨膨脹稱為惡性通貨膨脹。第一次世界大戰後的德國、2000 年的辛巴威都發生過。

通貨緊縮 (Deflation)

物價〔詳見P134〕持續下跌或物品與勞務〔詳見P13〕價格持續低落的狀態。

1 以前300元的襯衫,現在100元就買到了。

2 價格便宜對買方來說固然是好事,但對賣方來說則是減少了相對應的利潤,於是就會減薪、裁員。

3 減薪抑制了相對應的消費,物品與勞務就賣不出去了。

4 如此一來,物價就會漸漸下跌。

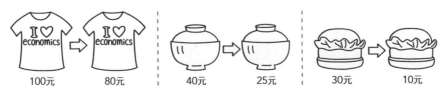

通貨緊縮螺旋 (Deflationary Spiral)

經濟如螺旋般向下迴旋，走向低落的狀態。

1　陷入通貨緊縮時，企業因商品價格持續下跌，銷售額減少，對前景感到悲觀。

2　於是凍結設備投資、減薪，甚至開始裁員。

3　這樣一來，企業、個人對將來更感到不安，更不敢花錢。

4　如果這種狀態如螺旋般持續，經濟就會逐漸走向低迷。

停滯性通貨膨脹 (Stagflation)

即景氣停滯（Stagnation）與物價上漲（通貨膨脹）〔詳見P156〕加在一起；在景氣〔詳見P196〕停滯的同時，出現物價上漲的現象。

1 一般而言，景氣停滯而未後退時，因需求減少，物價會下跌。

2 但有時景氣停滯，薪資、所得未增加，物價卻上漲了。這種現象稱為停滯性通貨膨脹。

3 薪資沒增加，但物價上漲，對人民來說是很嚴重的狀況。

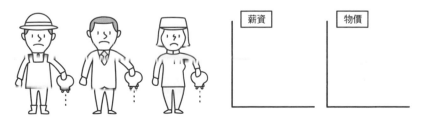

日本在1973年第一次石油危機（Oil Shock）時景氣停滯，但衛生紙等商品價格上漲，陷入停滯性通貨膨脹。

經濟泡沫（Economic Bubble）

股票、土地等資產的價格〔詳見P100〕，大幅超過其估價基礎——經濟成長率〔詳見P140〕所估計的水準。1980 年代後期日本的好景氣是很好的案例。

1 1980 年代前期，日本經濟蓬勃發展，製造出許多品質優良、價格便宜的產品，出口美國。

2 從日本進口的產品使得美國本國的產品滯銷。

3 為抵制日本進口的產品，美國認為讓日元兌換美元匯率升值比較好，於是在 1985 年簽訂廣場協議（Plaza Accord）後施行。

日元貶值美元升值
⬇
日元升值美元貶值

4 日元升值後，日元價值提高，日本產品在美國販賣的價格也變高；於是，日本商品在美國就不好銷售了。

日元貶值美元升值

日元升值美元貶值

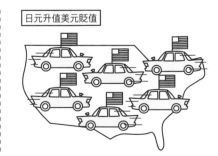

5 因日元升值美元貶值，依賴出口的日本企業大受打擊，日本陷入不景氣。

6 當時日本政府為解決不景氣的問題，降低銀行貸款的利息，以利公司對新事業等的投資。

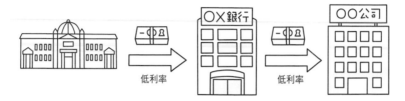

7 因貸款利率下降，向銀行貸款購買土地的人驟增；購買土地後，又向擔保該土地的銀行貸款，再買土地，如此反覆進行，致使土地價格上升。豐富的資金也流向股票市場，導致股價暴漲。

8 結果，土地及股票的價值與實質價值差異懸殊，只有價格如泡泡般膨脹。之後因金融轉為緊縮、銀行貸款利率上升、管制金融機關的不動產融資等措施，才使土地與股票的資產價格（Asset Price）（譯注：指資產轉換為以貨幣衡量時的價值）下降。

因土地與股票價格大幅下滑，不僅企業與個人蒙受損失，擔保品價值也下跌，借款的償還陷入困難。貸出的錢收不回來，金融機關便背負龐大的不良債權。

法定存款準備金制度
（Reserve Deposit Requirement System）

金融機構有義務將一定比例（稱為法定準備率，Required Reserve Ratios）以上的存款繳存中央銀行〔詳見P154〕的制度。

1 這個制度是調整市場資金量的金融政策之一。指定的金融機構（譯注：台灣為適用銀行法規定之金融機構）一定要有中央銀行的戶頭，有義務存入規定的金額。

2 中央銀行的法定準備率若提高，金融機構必須繳存的資金也會增加，市場上貸款投資的資金量就會減少，形成緊縮的貨幣政策。

3 相反地，若法定準備率下降，金融機構可貸款的資金量增加，便有寬鬆貨幣政策的效果。

現在，日本等短期資金市場（譯注：也稱貨幣市場，是指以短期金融工具為媒介而進行之一年期以內之資金交易活動總稱）發達的國家，並未使用這個制度來寬鬆或緊縮貨幣政策，日本的法定準備率目前也沒有改變。

有效需求原則
(Principle of Effective Demand)

國民所得〔詳見P143〕、就業等水準依有效需求之大小來決定。這是約翰・梅納德・凱因斯（John Maynard Keynes）〔詳見P266〕的主張。

1 有效需求指除了想要某種物品與勞務〔詳見P13〕，實際上也擁有可購買的金錢；貨幣的支出證實此需求存在。

2 凱因斯認為失業率高的原因是需求〔詳見P35〕小於供給〔詳見P35〕，所以主張需求必須擴大。

3 因此，凱因斯主張政府應積極介入建築水庫、道路等公共事業，以活化投資，製造需求。

4 他也主張政府應減收所得稅，讓消費者實際收入增加，促進消費。

負所得稅（正所得稅）
(Negative Income Tax)(Positive Income Tax)

對所得〔詳見P143〕未達一定金額者，政府透過所得稅制度，將一定所得水準（需納稅的最低額）與此人所得的差額之一定比例，補貼給此人。

1　負所得稅的概念大約有如下背景：假設某國有一家庭，成員有父母與2個孩子，一共4人。

2　若家庭收入20萬元以下，國家會將這個家庭所得與20萬元的差額之一定比例（假設是10%）的所得稅額，補貼給這個家庭。也就是說，如果家中無人工作，這個家庭就會得到國家補貼2萬元（20萬元×10%）。

3　之後父親找到工作，年收入15萬元，跟20萬元差了5萬元；而所得補貼5千元，這個家庭的年收入就變成15萬5千元。

4　這裡要說明的是，國家補貼的是相當於所得稅的部分。因此，如果更努力工作，所得就會增加，人民就會想用工作來增加所得。假使不足20萬的部分全部補貼，完全不工作也會有20萬，就會讓人民喪失工作意願。

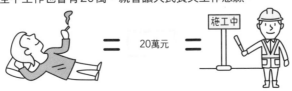

5　只有父親工作，生活會發生困難，因此母親也出外工作。母親兼職，年收入6
　　萬元。

6　於是，這個家庭的所得就是父親的15萬元加上母親的6萬元，共計21萬元，
　　超過納稅最低所得標準20萬元。

7　這個家庭已超過所得稅免稅額，超過20萬的部分必須支付所得稅，稱為正所得
　　稅。這個家庭要繳納的所得稅是（21萬元－20萬元）×10％＝1千元

8　亦即，國民按照所得向政府納稅的稅金制度稱為「正所得稅」。相反地，由政府
　　支付給所得未達一定標準者的制度稱為「負所得稅」。

● **正所得稅＝（實際所得額－納稅最低所得標準）× 稅率**
　　→這個公式計算的金額由國家取得。

● **負所得稅＝（納稅最低所得標準－實際所得額）× 稅率**
　　→這個公式計算的金額是補貼給低收入者。

負所得稅的概念是，若給予低所得者給付，當他有工作所得，社會保障
的補貼額就會減少，也會被課稅；因此，此制度有解決缺乏工作意願、
無法自立等問題的意圖。

IS-LM 模型（IS-LM Model）

在物品與勞務〔詳見P13〕、市場〔詳見P20〕與貨幣〔詳見P152〕、交易市場（貨幣市場）同時均衡的情況下，分析利率與國民所得〔詳見P133〕關係之手法，又稱IS-LM分析。

這個分析手法是以美國經濟學家凱因斯〔詳見P266〕的《就業、利息和貨幣的一般理論》（The General Theory of Employment, Interest and Money，中文版由時報出版）為基礎，由英國經濟學家約翰・希克斯（John Richard Hicks，1904～1989）所設計。

凱因斯

約翰・希克斯

1　IS-LM 模型使用縱軸為利率，橫軸為國民所得的曲線圖，分析物品與勞務市場與貨幣市場的關係。

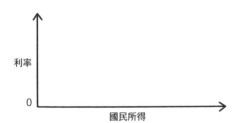

2　首先來看 IS 曲線。
IS 曲線表示物品與勞務市場在總需求與總供給均衡的狀態下，國民所得與利率的關係。
I 指投資（Investment），S 指儲蓄（Saving）。

3 物品與勞務市場的總需求就是「消費與投資」，總供給就是「國民所得」。兩者的均衡由以下公式表示：

$$消費 + 投資 = 國民所得$$

也可以說

$$總需求 = 總供給$$

4 以上公式也可以寫成「投資＝國民所得－消費」。
   我們的所得在消費物品與勞務之後，未使用的金錢就是「儲蓄」，所以也可以換成以下說法：

$$投資（I）= 儲蓄（S）$$

5 亦即，物品與勞務市場取得供需均衡的狀態，可說是投資與儲蓄平衡的狀態。

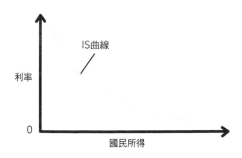

6 現在來看 1 曲線圖。
   在看利率與國民所得的關係時，重點是投資。
   利率上升則投資減少，物品與勞務的需求也隨之減少。
   為了保持均衡，供給（國民所得）也變少了。
   因此，IS曲線向右下傾斜。

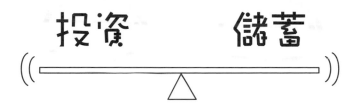

7 為何利率上升則投資減少？如果企業（或個人）想擴大事業，為了建新工廠，想向銀行貸款，但如果利率高，就可能打消念頭。

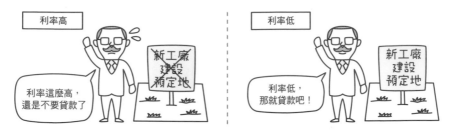

8 接著來看 LM 曲線。LM 曲線表示貨幣市場上貨幣供需均衡的狀態下，國民所得與利率的關係。L 指貨幣需求（流動性偏好，Liquidity Preference）〔詳見 P226〕，M 指貨幣供給（Money Supply）。

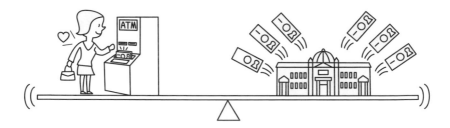

9 當所得增加，人們便增加消費。因此需要貨幣，對貨幣的需求也增加。

10 貨幣的供給是固定的。亦即，在貨幣供給固定的情況下，因貨幣需求增加，利率也跟著上升（前提是物價要固定）。也就是說，當所得增加，利率便隨之上升，所以 LM 曲線向右上傾斜。

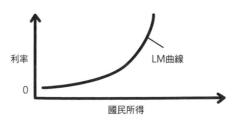

11 將 IS 與 LM 曲線組合起來，觀察物品與勞務市場及貨幣市場的均衡，同時分析財政政策、金融政策對經濟的效果。

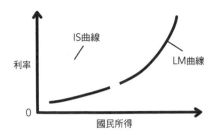

12 例如，財政政策是為了刺激景氣、增加就業而提高公共投資。

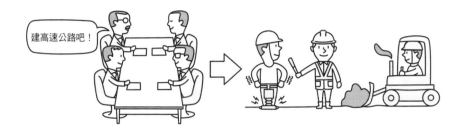

建高速公路吧！

13 因此刺激了消費與投資，IS曲線向右移，國民所得增加。

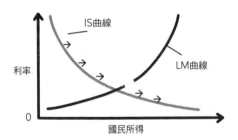

14 再來看以金融政策刺激景氣的情況。若採取增加貨幣供給的金融政策（前提是物價固定），利率就會下降，LM曲線向右移，國民所得增加。

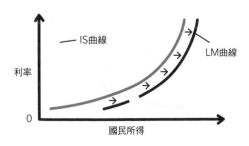

消費函數（Consumption Function）

消費與所得關係的函數，顯示經濟整體的消費額，如何依據所得〔詳見P143〕的水準來決定。

1　凱因斯〔詳見P266〕認為「消費多少依所得多少而定」，他提出以下公式：

$$C = cY + b \quad (0<c<1,\ b>0)$$

C＝消費　　　Y＝所得　　　b＝自發性消費
（Autonomous Consumption）

2　C指消費，Y指所得，b指自發性消費。
　　自發性消費指的是，即使所得為0也需要的消費，如衣食住行。

消費　　　所得　　　自發性消費

172

3　c稱為「邊際消費傾向」（Marginal Propensity to Consume），表示所得增加一單位（例如1千元）時，消費增加多少。

加薪了　　　來大買特買吧！　　　○○蔬果店　　哈蜜瓜500元

4　0＜c＜1，指人們會在所得增加的範圍內增加消費，下圖是c＝0.6時的情況。

1千元（Y）×0.6（C）＝600元

薪資多了1千元！　　　好想買　　　SHOP　　600元

5 假設 A 先生所得 2 萬元，B 先生所得 2 萬 5 千元，兩人的自發性消費都是 5 千元，邊際消費傾向都是 0.6，兩人的消費額如下圖：

A先生

C＝2萬元×0.6＋5千
C＝1萬7千元

A先生的消費額＝1萬7千元

B先生

C＝2萬5千元×0.6＋5千
C＝2萬元

B先生的消費額＝2萬元

6 這個公式也可以這樣寫：

$$\frac{C}{Y} = c + \frac{b}{Y}$$

7 C/Y 是消費÷所得，表示所得中有多少是使用於消費上，稱為「平均消費傾向」（Average Propensity to Consume，APC）。A 先生的平均消費傾向如下：

A先生

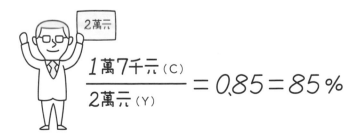

$$\frac{1萬7千元\,(C)}{2萬元\,(Y)} = 0.85 = 85\%$$

8 所得愈高，C/Y（平均消費傾向）愈低。亦即當所得增加，用於消費的金額比例會下降，儲蓄的比例會上升。

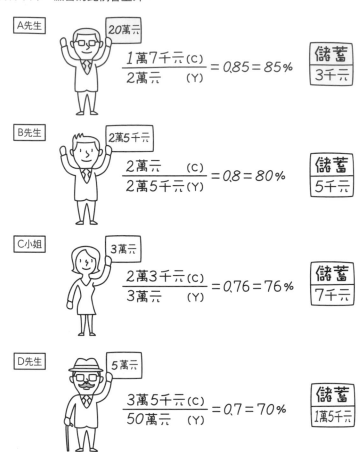

A先生　20萬元

$$\frac{1萬7千元(C)}{2萬元\ (Y)} = 0.85 = 85\%$$

儲蓄　3千元

B先生　2萬5千元

$$\frac{2萬元\ (C)}{2萬5千元(Y)} = 0.8 = 80\%$$

儲蓄　5千元

C小姐　3萬元

$$\frac{2萬3千元(C)}{3萬元\ (Y)} = 0.76 = 76\%$$

儲蓄　7千元

D先生　5萬元

$$\frac{3萬5千元(C)}{50萬元\ (Y)} = 0.7 = 70\%$$

儲蓄　1萬5千元

9 不過，後來賽門‧史密斯‧顧志耐（Simon Smith Kuznets）〔詳見P233〕根據美國1869年～1938年的長期統計，推算消費與所得之間，C≒0.9Y，亦即平均消費傾向大致固定在0.9左右。他的說法引發了消費函數論戰。

平均消費傾向是0.9

不對！

真的嗎？

是的

怪怪的？

10 這場論戰產生了幾種見解：
第一個是「相對所得假說」（Relative Income Hypothesis）：消費不只受現在的
所得影響，也受過去的最高所得影響，生活習慣不會急劇改變。

11 第二個是「恆常所得假說」（Permanent Income Hypothesis）：消費主要取決
於所得之中的恆常所得（薪資、酬勞），而非臨時所得（Transitory Income，
如彩券獎金）

12 第三個是「生命週期假說」（Life Cycle Hypothesis），個人的消費行為由其一
生生涯所得所決定。

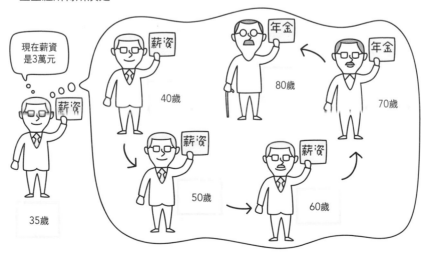

乘數效果（Multiplier Effect）

政府的公共投資或企業〔詳見P52〕的投資增加，使所得〔詳見P143〕提高、消費擴大，形成良性循環。最初的投資使所得增加好幾倍的效果便稱為「乘數效果」。

1　例如，政府進行10億元的公共投資，建設道路。

2　道路建設公司的營業額增加了公共投資的部分（10億元），員工薪資則增加5億元。

3　員工所得增加的部分中，有1億5千萬元用於消費，假設是到百貨公司購買更多物品。

4　百貨公司的營業額增加了1億5千萬，百貨公司員工的薪資總共增加1億元。

5 百貨公司員工增加的1億元所得中，有3千萬元用於外食。

6 於是，外食產業營業額增加了3千萬元，外食產業員工所得共增加1千萬元。

3千萬元　　　　　　　　　　　　　　　1千萬元

7 外食產業員工增加的1千萬元所得中，有5百萬元用於物品與勞務的消費。

8 如此，所得的增加與消費的增加結合，形成連鎖反應。

9　此外，道路建設公司營業額所增加的10億元中，假設有3億元用來購買材料。

10　於是，販賣材料的公司營業額增加了3億元，該公司員工的所得、消費也都增加了。

11　經過各種途徑，國民所得連鎖式地增加，假設金額共有50億元。

＝50億元

12　如果投資10億元，卻增加了50億元的國民所得，等於有5倍的效果；而5倍這個倍數就稱為「乘數」，這個效果就叫做「乘數效果」。

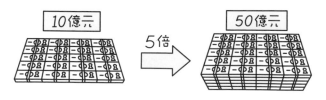

預算赤字 (Budget Deficit)

指國家或地方政府的支出（稱為歲出）超過收入（稱為歲入）的狀態。

1 為補足資金的差額，通常會採取向國民、居民借款的方式，也就是發行國債（Government Bond）（譯注：即中央政府公債）或地方政府公債（Municipal Bond）。

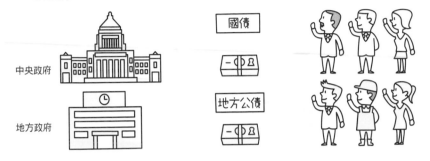

2 若預算赤字繼續累積，國債或地方公債的發行增加，就是借款增加。

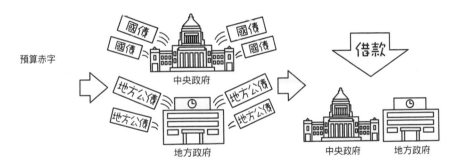

3 若預算赤字一直累積下去，財政緊迫，最糟的情況是有財政破產之虞。

預算赤字占 GDP 的比例，常用來當做國家財政風險的指標。

自動安定機能
（Built-in Stabilizer）

「Built-in Stabilizer」如果直譯，就是「自動安定裝置」的意思。這裡則是指稅制、社會保障制度等自動緩和景氣〔詳見P196〕波動幅度的制度。

1　以法人稅（編注：即台灣的營利事業所得稅）為例，當景氣惡化，企業利潤減少，法人稅的繳納也會減少，也有可能因為赤字而不必繳法人稅。

2　少繳或免繳法人稅，便發揮如減稅般的效果，有防止景氣惡化的作用。

3　相反的，若景氣過熱，利潤增加，法人稅的繳納也會增加，便發揮如增稅般的效果，有防止景氣過熱的作用。

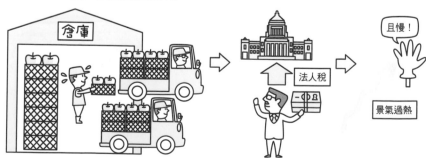

4　失業保險制度也有這樣的效果。景氣惡化，失業者增加時，失業保險的支付也
　　會增加。（編注：台灣並沒有失業保險制度，但有「失業給付」，所有的失業給付均撥自
　　勞工保險基金）

5　失業者可領取保險金，有防止消費急凍的作用。

6　相反的，若景氣改善，失業保險的支付也會減少。

7　如此一來，資金的供給量減少，有防止景氣過熱的作用。

換句話說，稅制與社會保障制度「自動」控制了景氣過熱與消費急凍。

排擠效果
(Crowding Out Effect)

政府支出增加，但因利率的上升，反而使得民間投資減少的現象。

1　例如，某國為解決景氣低迷的問題，進行大規模的公共投資。

2　為籌措公共投資的資金，必須大量發行國債。

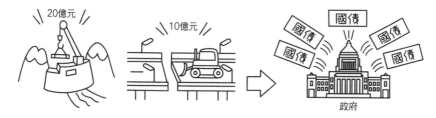

3　國債由民間金融機構、法人、個人等購買，所以政府是從民間籌措資金。

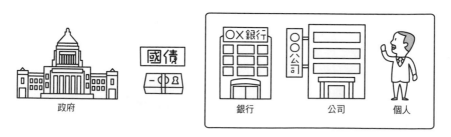

4 因為國債吸收了民間資金，民間市場的資金量就減少了。

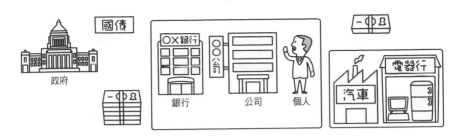

5 於是，企業向銀行籌措資金來投資設備；但因資金的借貸者、想籌措資金的企業相當多，使得市場利率上升。

6 利率上升使得公司籌措資金的難度變高，因此抑制了投資與消費。

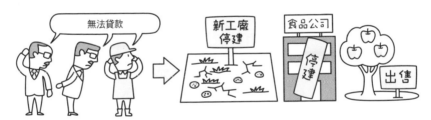

7 結果，國民所得〔詳見P133〕並未增加。

這種情況是因為政府的政策「排擠」了民間的經濟活動，故稱為排擠效果。

流動性陷阱（Liquidity Trap）

當利率下降至極低水準，貨幣供給量再多，利率也不會再降低，因此以降利率來刺激投資與消費的金融政策便失去效果。

1　中央銀行在景氣惡化時，為降低市場利率，從市場購買債券（籌措資金者向提供資金者發行，必須還款的有價證券）。

2　因此，政府採取的金融政策是增加公司等民間的資金供給量，引導投資與消費的增加。

3　不過，如果景氣仍然無法改善，這種金融寬鬆政策持續下去，利率將達到下降的下限。

4 利率不降，就表示將來利率會上升。換言之，債券價格的下跌是可想而知的。

債券受歡迎＝利率下降也賣得出去　　　　　　債券不受歡迎＝利率上升也賣不出去

5 因為大家都覺得債券價格將來會降，都想趁現在賣掉債券，保有貨幣。

我不要債券　　　　　　　　　　　　現金比較好

6 這種狀態，在流動性偏好理論（Liquidity Preference Theory）〔詳見P226〕中，是指投機性貨幣需求（speculative demand for money）（譯注：人們為避免因未來市場利率與證券行市的不確定而造成資產損失；或為增加資產，透過及時調整資產結構以謀求投資機會而形成的對貨幣的需求）變得無限大的狀況。

· 沒有風險　　　　　　　　　　　　· 有風險
· 任何時候都能使用（流動性高）　　· 並非任何時候都能使用（流動性低）
· 沒有利息　　　　　　　　　　　　· 有利息

7 這種狀態下，中央銀行若想降低市場利率，從市場購買債券；但因想賣債券的人很多，市場上債券的供應源源不絕，市場利率就不會下降。

我要買債券　　　　　　　　　　我要賣債券

流動性陷阱的理論是凱因斯〔詳見P266〕在《就業、利息和貨幣的一般理論》中提出的。

公債（Public Debt）

國家或地方政府的借款，指公共債務。

1　債務人（借錢的一方）如果是國家，就稱為國債；如果是地方政府，就稱為地
　　方政府公債。

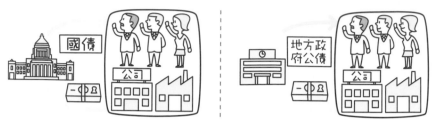

2　國家或地方政府的經費，原則上是由稅金供給，但若資金不足，就會以發行債
　　券的方式籌措經費。

3　以債券來籌措資金，將來必須以稅金償還（還債），與借款的意思相同。

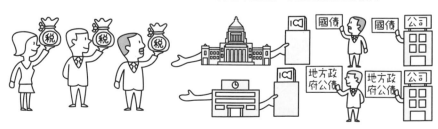

強力貨幣
(High Powered Money)

強力貨幣又稱貨幣基數（Monetary Base）或基礎貨幣（Base Money），指中央銀行所供給的通貨。

1　強力貨幣為社會上流通的金錢（流通的現金貨幣，包括鈔票與硬幣）與金融機構存放在中央銀行的錢（法定存款準備金）〔詳見P164〕之合計額。

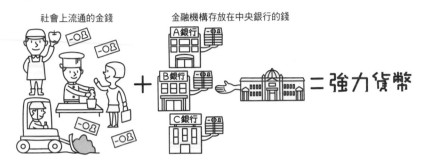

2　透過銀行的信用創造（Credit Creation）〔詳見P192〕活動，產生了好幾倍的貨幣供應量（Money Supply，在國內家戶、企業等流通的通貨餘額），所以稱為強力貨幣。

3　中央銀行能直接控制強力貨幣的量，所以可藉由控制強力貨幣，保持貨幣供應量的適當水準。

因為是社會上流通的金錢總額之基礎，所以也稱為貨幣基數或基礎貨幣。

李嘉圖等價命題
（Ricardian Equivalence）

政府增加支出時，其財源是來自增稅還是國債等公債〔詳見P186〕的發行，並無實質差異，對經濟的影響是相等的。

由英國學者大衛・李嘉圖
（David Ricardo，1772～1823）〔詳見P256〕所提出，故稱為「李嘉圖等價命題」。

1　例如，政府為解決景氣低迷的問題，每家戶〔詳見P19〕減稅1萬元，其財源由發行國債籌措。

2　若國債於10年後償還，10年後也必須以稅金來償還本金。

3　如果到時國家稅收增加，就不會有問題，否則又要以增稅來籌措。

4 此時，因減稅1萬元而受惠的人（世代），如果跟10年後增稅的人（世代）是相同的，這些人一生能得到的可支配所得（Disposable Income，能實際使用的所得）保持不變。

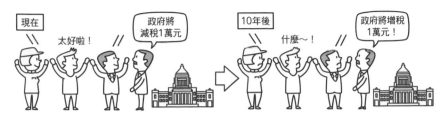

5 因為，他們會為將來的增稅做準備，設法把減稅的1萬元儲蓄起來，因為想要用那1萬元的儲蓄來補足將來因增稅而減少的所得。

6 因此，若採取每家戶減稅1萬元的措施，又增加同樣金額的稅收來籌措財源，則對經濟的效果不變，減稅的好處也相互抵消了。

7 亦即，李嘉圖認為，人民已經預料到將來會增稅時，即使因發行國債而減稅，人們的消費還是不會增加，對行動沒有任何影響。

巴羅公債中立命題
(Barro's Debt Neutralit)

若世代不同，李嘉圖等價命題〔詳見P188〕便不適用。因此，羅伯特・巴羅
（Robert Joseph Barro）提出了適用於不同世代的主張。

因為是美國經濟學家巴羅（1944～）
所提出，故稱為「巴羅公債中立命題」。

1　李嘉圖等價命題預設因減稅而受惠的人（世代）與將來受增稅影響的人（世代）
是同一批。

2　因而產生爭論：因減稅而受惠的人（世代）與將來受增稅影響的人（世代）不
一樣時，這個命題不就無法適用了嗎？

3　所以，巴羅否定上述議論；他認為可用減稅、國債來確保財源。

4 國債償還時，若又採取發行國債的方式，國債償還時負擔增稅的世代，與當初
  因減稅而受惠的世代便不同了。

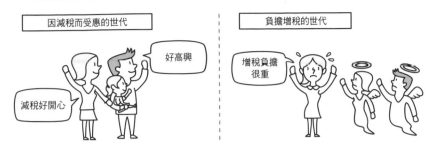

5 不過，巴羅認為，父母親世代雖因減稅而受惠，但考慮到將來是由子或孫世代
  來負擔稅金，所以不會把減稅的部分用來消費，而會以遺產的形式保留下來。

6 因此，即使減稅的財源——國債償還時，負擔增稅的是子或孫世代，但父母親
  世代不會把減稅的部分用於消費，而會保留下來成為遺產。

7 巴羅主張，最後人們的行動不會產生變化；即使超越世代，中立命題依然成立。

信用創造 (Credit Creation)

銀行〔詳見P153〕收取存款，將一部分貸出，接受貸款的企業〔詳見P52〕將其中一部分存進銀行，銀行又將一部分貸出。以這種方式反覆連續將存款貸出，以使金錢增加的機制，即為「信用創造」。

1 B小姐將100萬元存入A銀行。

2 銀行預設存款會還給存款者，而將存款中一定比例的現金存入中央銀行則是銀行的義務（法定存款準備金制度）〔詳見P164〕，而這些現金（法定存款準備金）繳存中央銀行的比例，稱為「法定準備率」。

3 假設法定準備率為10%，對於B小姐的100萬元存款，A銀行除了繳存法定存款準備金10萬元（100萬元×10%）之外，將其他90萬元貸款給C公司。

4 C公司將從A銀行貸款來的90萬元用來投資設備，支付D公司貨款。

5 D公司拿到C公司的貨款後，將那90萬元原封不動存入A銀行，於是A銀行的存款增加了90萬元。

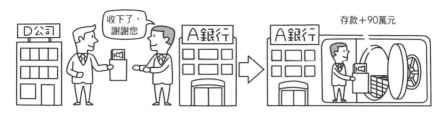

6 對於D公司90萬元的存款，A銀行除了繳存法定存款準備金9萬元（90萬元×10%）之外，將其他81萬元貸款給E公司。

7 E公司將81萬元付給客戶F公司，F公司則把那81萬元存入A銀行。

8 如此反覆進行，A銀行的存款由100萬元＋90萬元＋81萬元＋……依次增加，A銀行把當初的100萬元變成好幾倍的機制，就是「信用創造」。

勞動力市場均衡
(Equilibrium of Labor Market)

勞動力市場〔詳見P20〕跟物品與勞務〔詳見P13〕市場一樣，價格〔詳見P100〕定在需求與供給〔詳見P34〕的均衡點。

1　所謂勞動力市場，就是企業的勞動力需求與家戶的勞動力供給之交易市場。

2　在勞動力的供給方面，價格（薪資）愈高的工作，想做的人愈多。

3　相反地，價格（薪資）愈低的工作，想做的人愈少，勞動力的供給便減少。

4　因此，勞動力的供給線跟物品與勞務的供給線一樣，都是向右上傾斜。

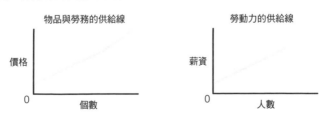

5 在企業的勞動力需求方面，當價格（薪資）提高，企業就會減少錄用人數或裁員。

6 相反的，價格（薪資）如果下降，企業就會想多雇用一些人。

7 因此，勞動力的需求線跟物品與勞務的需求線一樣，都是向右下傾斜。

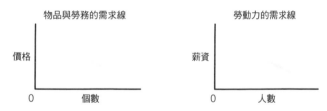

8 最後，薪資會位於勞動力的供給線與需求線的交叉點，亦即由均衡點決定。

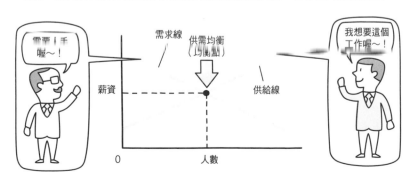

景氣（Economic Conditions）

買賣或交易等經濟活動的整體狀況。

1 「景氣良好」的狀況稱為景氣好。景氣好時，GDP〔詳見P122〕會增加。

2 景氣好時，消費、物品與勞務〔詳見P13〕的生產都會增加，所以勞動力需求〔詳見P35〕增加，失業率低。

3 「景氣不好」的狀況則稱為不景氣。不景氣時，GDP會減少。

4 因此，不景氣時物品與勞務的生產減少，所以勞動力需求降低，失業率高。

擴散指數（Composite Index（CI）/Diffusion Index（DI））

為掌握整體經濟景氣〔詳見P196〕的動向，政府機關將能表示該國經濟動向的各種統計資料整合，製作成指標體系。

1 擴散指數有3種，第一種是「同時指標」（Coincident Indicator），表示當前的景氣狀況，有助於了解景氣的現狀。

2 第2種是「領先指標」（Leading Indicator），洞察未來幾個月的景氣狀況，目的是預測景氣動向。

3 第3種是「落後指標」（Lagging Indicator）。表示幾個月前的景氣，用來做事後確認。

一般認為生產、就業等經濟活動對景氣敏感，擴散指數統整了這些經濟活動的相關指標動態，我們可從指數的數值變化知道景氣變動的方向與趨勢。在日本，內閣府每月上旬會公布前兩個月的速報值，下旬會公布修正值。（譯注：台灣則由國家發展委員會每個月公布一次）

景氣循環（Business Cycle）

資本主義經濟制度中，景氣〔詳見P196〕的擴張與衰退反覆交互發生，這種循環性的變動稱為「景氣循環」。

1　生產、消費等經濟活動活躍，稱為「景氣擴張」（復甦、繁榮）。

2　景氣擴張的相反，則是生產、消費等經濟活動不振，稱為「景氣衰退」（後退、不景氣）。

3　景氣循環中，由上升到下降的轉換點稱為「景氣高峰」（Peak），由下降到上升的轉換點稱為「景氣谷底」（Trough）。

循環的波動有好幾次。景氣循環的理論中，代表性的有基欽週期（Kitchin Cycles）〔詳見P230〕、尤格拉週期（Juglar Cycles）〔詳見P232〕、顧志耐週期（Kuznets Cycle）〔詳見P233〕、康德拉捷夫週期（Kondratieff Wave）〔詳見P234〕等。一般認為這些週期是合在一起、互相重疊而形成景氣循環。

痛苦指數（Misery Index）

又稱「悲慘指數」，可以讓我們知道經濟狀況的嚴重程度。

1　計算方式：消費者物價指數（CPI）〔詳見P135〕比去年同期的上升率（通貨膨脹率）
　加上失業率。

2　雖然不是政府公布的正式指標，但物價上升與失業率惡化會帶給人們生活壓
　力，因此可說這個指標的數值愈高，表示生活愈窮困。

3　這個指數的數值高，也表示有停滯性通貨膨脹〔詳見P161〕的狀況，即景氣停滯
　與通貨膨脹〔詳見P156〕同時存在的現象。

有此一說：痛苦指數若超過10%，人民的不滿就會升高；若超過20%，
政權可能難以持續。

總合供給（Aggregate Supply）

企業於一定期間所生產的物品與勞務〔詳見P13〕之價值〔詳見P16〕總和；也可說是GDP〔詳見P122〕──國內一年間生產的價值總和。

總合需求（Aggregate Demand）

對不同價格〔詳見P100〕，即物價〔詳見P134〕水準的物品與勞務〔詳見P13〕需求之總和；也可以說是對國內一年間生產的價值總和（GDP）〔詳見P122〕的整體需求。

總合供給線 (Aggregate Supply Curve)

生產毛額（實質 GDP）〔詳見 P130〕如何依據物價水準的變化而改變之曲線圖。實質 GDP 是各個生產者（企業等）所生產的價值總和，價格〔詳見 P100〕、物價〔P134〕變化時，生產者會為了使利潤最大化而改變產量。

1 價格（物價）上漲，產量就會增加；價格（物價）下跌，產量就會減少；所以產量總和——總合供給線向右上傾斜。

2 當成本下降，生產者就能供給更多物品與勞務，總合供給線便向右移。

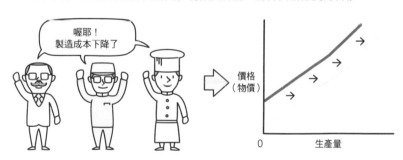

3 相反的，當成本上漲，物品與勞務的供給較為困難，總合供給線便向左移。

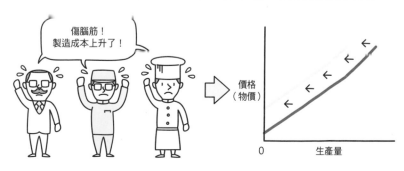

總合需求線（Aggregate Demand Curve）

　　總需求（＝實質GDP）〔詳見P130〕如何依據物價水準的變化而改變之曲線圖。橫軸是消費者、企業〔詳見P52〕及政府等購買的物品與勞務〔詳見P13〕總和（總需求），縱軸是物價水準。

1　當價格（物價）水準下跌，對物品與勞務的需求就會增加，因此曲線向右下傾斜。

2　消費者減少儲蓄、增加消費時，總需求增加，總合需求線會向右移。

3　相反的，若因增稅而使消費減少，則總需求減少，總合需求線則會向左移。

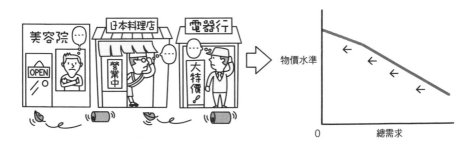

　　實質GDP〔詳見P130〕水準由總合供給線〔詳見P201〕與總合需求線的交叉點決定，這個交叉點稱為「總體均衡」，即總供給與總需求相等（均衡）。

供給面經濟學（Supply-side Economics）

為了經濟發展，把經濟學〔詳見P12〕的分析重點置於供給〔詳見P35〕面。

1 主張為了增加生產活動，政府應放鬆管制與減稅，限縮政府角色。

2 放鬆管制使企業的生產活動活躍，減稅則可促進企業投資。

3 認為因此將使企業擴大生產、增加就業，個人也會擴大消費，達到經濟成長的目標。

理論基礎是 1970 年代後期美國總統隆納・雷根（Ronald Wilson Reagan）的經濟政策（Reaganomics，雷根經濟學）。

需求面經濟學
(Demand-side Economics)

為達成經濟穩定，把經濟學〔詳見P12〕的分析重點置於推動需求〔詳見P35〕面的政策，也稱為「凱因斯經濟學」（Keynesian Economics）。

1　需求面的政策指刺激總需求，使總合需求線向左右移動。

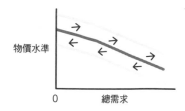

2　財政政策即需求面的政策之一，也就是藉由政府操縱稅金與政府支出，使經濟穩定的政策。

3　例如，為增加國民手邊的資金而減稅，人們就會用多出來的資金增加消費。

4　企業就會為了因應這些消費而增加生產，連帶使得就業增加，經濟成長。

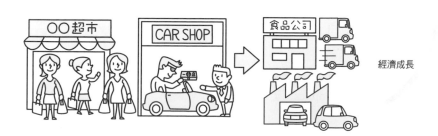

貨幣主義 (Monetarism)

由代表新古典經濟學（Neoclassical Economics）〔詳見P286〕的米爾頓・傅利曼（Milton Friedman）〔詳見P276〕所提出。此學派重視通貨政策，支持此學派的經濟學家稱為「重貨幣學派」（Monetarist）。

1 認為經濟應交由各個自由市場，不需要大政府（Big Government）。

2 政府應全力謀求財政收支的均衡。政策上，政府可能為了穩定物價而增加貨幣量，但增加率應限定在一定比例。

3 對主張實施積極的財政政策，以創造有效需求的凱因斯學派〔詳見P266〕持批判態度。

賽伊法則（Say's Law）

認為「供給〔詳見P35〕創造它本身的需求〔詳見P35〕」，亦即在價格機制運作的市場〔詳見P20〕，生產出來的東西全賣得出去，所以經濟水準由供給的程度決定。也稱為「賽伊市場定律」（Say's Law Of Market）。

古典經濟學〔詳見P284〕的根本法則，由法國經濟學家讓・巴蒂斯特・賽伊（Jean-Baptiste Say，1767～1832）提出，故以他的名字命名。

1　假設某種物品與勞務的供給超過需求（供給過剩）。

2　這種狀況下，賣方會很快地降低販賣價格，增加需求，供需就會均衡。這就是賽伊法則。

3　例如，某家具廠商生產了100個沙發販賣。

4 生產了100個，但只賣出80個，還剩20個。

5 因此，該家具廠商把販賣價格從5萬元降到4萬元。

6 於是沙發全部賣完了（供需均衡）〔詳見P39〕。如賽伊法則所述，供給方的改變創造出需求，達成供需均衡的狀況。

不過，上述家具廠商臨機應變、更動價格，幸未造成供給過剩的例子，未必符合現實的經濟狀況。因此，後來卡爾·馬克思〔詳見P262〕與凱因斯〔詳見P266〕等人批判賽伊法則不切實際。

拉弗曲線 (Laffer Curve)

一般而言，當稅率在一定的限度以下時，提高稅率能增加稅收；但稅率超過一定限度，反而會讓稅收減少。

這是美國經濟學家亞瑟・拉弗（Arthur Laffer，1940～）主張的理論。拉弗曲線則是表示稅率與稅收關係的曲線圖。

1　橫軸為稅率，縱軸為稅收，拉弗曲線呈現以下形狀。亦即，如果稅率過高，人民會覺得即使努力工作，稅金也會被政府拿走，因此降低工作意願；導致生產量與所得減少，稅收也減少。

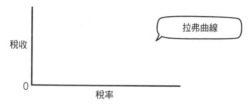

2　稅率若達到100%，也就是工作所得收入全部課稅。若是如此，人們會覺得工作是不得已的事，沒有人要工作，於是稅收變成零。

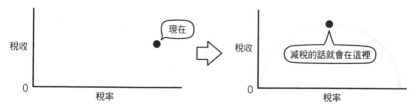

3　因此，如果稅率像拉弗曲線右側部分那麼高，理論上，稅率下降就有可能增加稅收。

這個主張成為1981年美國雷根總統減稅的依據，該政策稱為雷根經濟學。不過實際上，雷根減稅後並未增加稅收。

合成謬誤 (Fallacy of Composition)

個體經濟學〔詳見P30〕中合理的現象，在總體經濟學〔詳見P30〕中未必適用。

1 例如，因為不景氣而所得減少，每個人省吃儉用、增加儲蓄的行為，對個人而言是合理的。

2 但從社會整體來看，消費減少，可能使景氣更加惡化。

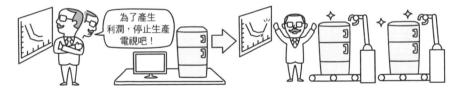

3 不景氣時，企業為提升經營效率，工廠改組、企業某些部分的合併、裁撤與整合，對企業而言都可說是合理的。

4 不過，若因而改變人事開支，調降薪資或使失業者增加，也可能導致個人消費急凍，景氣更加惡化。

升值（Appreciation）

跟美元或歐元等其他國家的通貨相比，本國貨幣的價值〔詳見P16〕較高。本書以日圓與美元的比較為例。

1 例如：A 小姐打算去美國旅行，到銀行將日圓換成美元。因為「1 美元可兌換 120 日圓」，她用 1 萬 2 千日圓兌換了 100 美元。

100美元
＝
1萬2千圓

2 隔天，A 小姐覺得還需要 100 美元，又到銀行一趟；但匯率變成「1 美元可兌換 100 日圓」，於是她用 1 萬日圓」兌換了 100 美元。

100美元
＝
1萬日圓

3 昨天跟今天比較，昨天購買（兌換）1 美元需要 120 日圓，今天購買（兌換）1 美元則需要 100 日圓。

昨日

1美元
＝
120日圓

今日

1美元
＝
100日圓

4 亦即，跟昨天比較，今天 1 美元能兌換到的日圓變少，日圓的價值上漲了（美元價值下降）。這種狀態稱為「日圓升值美元貶值」。

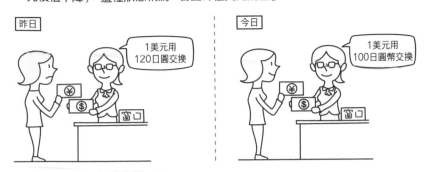

5 本國幣值升值美元貶值最大的好處，就是國外進口本國的物品與勞務〔詳見P13〕變便宜了。

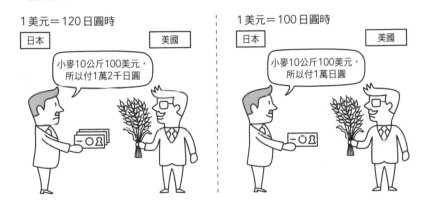

6 本國貨幣升值美元貶值的壞處，就是本國出口國外的產業會受到打擊。

此外，當本國貨幣升值美元貶值，在國外生產、販賣會比出口便宜。因此，企業會將生產據點移至國外，對該國的就業帶來負面影響。

貶值（Depreciation）

跟美元或歐元等其他國家的通貨相比，本國貨幣的價值〔詳見P16〕較低。以日圓為例。

1　例如，A小姐打算去美國旅行，到銀行將日圓換成美元。因為「1美元可兌換100日圓」，她用1萬日圓兌換了100美元。

100美元
＝
1萬日圓

2　隔天，A小姐覺得還需要100美元，又到銀行一趟；但匯率變成「1美元可兌換120日圓」，於是她用1萬2千日圓兌換了100美元。

100美元
＝
1萬2千日圓

3　昨天跟今天比較，昨天購買（兌換）1美元需要100日圓台幣，今天購買（兌換）1美元則需要120日圓。

昨日

1美元
＝
100日圓

今日

1美元
＝
120日圓

4 亦即，跟昨天比較，今天1美元能交換到的日圓變多，日圓的價值下降了（美元價值上漲）。這種狀態稱為「日圓貶值美元升值」。

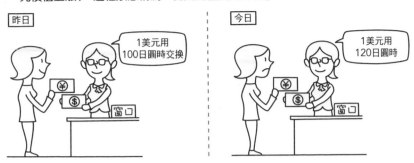

5 本國貨幣貶值美元升值最大的壞處，就是國外進口本國的物品與勞務〔詳見P13〕變貴。

6 本國貨幣貶值美元升值的好處，就是本國出口國外的產業，若以本國貨幣販售，收入會增加。

此外，若本國幣值貶值美元升值，在國內生產有時比在國外生產有利。
於是，企業會將生產據點移回國內，對該國的就業有正面效果。

量化寬鬆（Quantitative Easing）

中央銀行〔詳見P154〕的金融寬鬆政策，目的是調整供給市場的資金量，也稱為QE（Quantitative Easing的縮寫）。

1 **中央銀行施行金融政策刺激景氣時，通常會降低政策利率**（譯注：policy rate、bank rate，一般銀行向中央銀行貸款的利率，由中央銀行的金融政策決定。景氣好時設定較高，不景氣時設定較低。因此，景氣好時儲蓄、存款、貸款的利率提高，可抑制通貨的流通；不景氣時利率降低，有促進通貨流通的意義）

2 政策利率下降，銀行等貸款利率隨之下降，個人、公司較容易向銀行貸款，有助於景氣復甦。

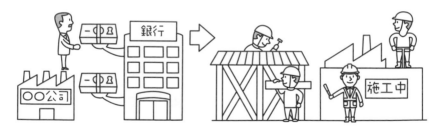

3 不過，當利率持續降到0%，無法再降時，金融寬鬆政策仍持續進行。

4 具體上，中央銀行會買進國債，增加市場上的資金；即使利率為0%，仍可充分供給市場資金。

5 實際上，雷曼兄弟事件〔詳見P294〕後，美國為因應世界的金融危機與之後的景氣衰退，2008年開始實行量化寬鬆政策，持續到2014年。

量化寬鬆

美國實行量化寬鬆
・QE1（2008年11月～2010年6月）
・QE2（2010年11月～2011年6月）
・QE3（2012年9月～2014年10月）

6 日本除了在2001年～2006年實施量化寬鬆之外，2013年起採取「量化與質化寬鬆政策」（Quantitative and Qualitative Monetary Easing，QQE），這也是量化寬鬆政策之一。

政府要增加資金供應量

政府要買更多國債

7 如此，各國透過量化寬鬆政策，不只刺激了消費與投資，也可開始期待因本國通貨貶值，提升出口競爭力等景氣振興的效果。

出口

日圓貶值，趕快出口吧！

出口

8 另一方面，因量化寬鬆政策而大量供給的資金，流向新興國家（譯注：投資貿易興盛、經濟持續快速成長的國家，近來多指中國、印度、巴西、俄羅斯等）與原油等商品市場，量化寬鬆政策的動向，也對新興國家的通貨、資源價格影響很大。

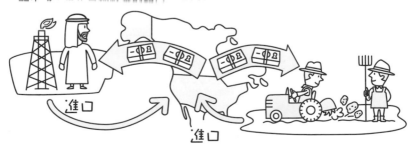

進口

進口

勞動價值論（Labor Theory of Value）

商品的價值〔詳見P16〕，由生產該商品所耗費的勞動時間決定。

英國的威廉・佩蒂（William Petty，1623～1687）首先注意到這個問題，之後古典經濟學家〔詳見P284〕亞當・斯密〔詳見P254〕、李嘉圖〔詳見P256〕繼續發展，最後由馬克思〔詳見P262〕完成理論。

卡爾・馬克思

1　馬克思的《資本論》（Capital:A Critique of Political Economy）中，提到商品價值可分為「使用價值」（Value in Use, Use Value）與「交換價值」（Value in Exchange, Exchange Value）。

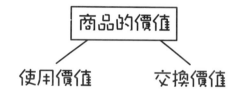

2　使用價值指該商品有用處。例如，鉛筆、橡皮擦雖各有不同用途，但因為都有用處，所以都有使用價值。

3　交換價值指商品交換時的價值。例如，A 先生認為可用 3 支鉛筆交換 B 小姐的 2 個橡皮擦。

我覺得可以用
3支鉛筆交換
2個橡皮擦喔！

216

4 同樣的，B小姐也認為自己的2個橡皮擦可以交換A先生的3支鉛筆。

5 於是，3支鉛筆＝2個橡皮擦即成為交換價值。馬克思認為，各種使用價值不同的商品在交換時，它們的共同點就是勞動。

6 無論製造鉛筆或橡皮擦，都需要勞動。製造3支鉛筆消耗的勞動量，等於製造2個橡皮擦消耗的勞動量，因此可以交換。

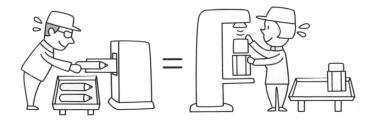

7 亦即，商品價值的基礎就是勞動，商品因勞動而產生價值。

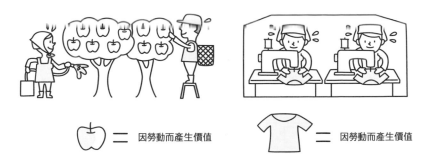

邊際革命（Marginal Revolution）

勞動價值論〔詳見P216〕主張商品的價值〔詳見P16〕由勞動決定；邊際學派則認為商品價值由主觀的效用決定——這構成了現今理論經濟學（Theoretical Economics）的基礎，故稱為「邊際革命」。

1870 年代英國的威廉・史坦利・傑文斯（William Stanley Jevons，1835～1882）、奧地利的卡爾・門格爾（Carl Menger，1840～1921）、法國的里昂・瓦爾拉斯（Leon Walras，1834～1910），各自以邊際效用〔詳見P42〕為基礎發表價值理論，正式將邊際分析方法引進經濟學。

威廉・史坦利・傑文斯

卡爾・門格爾

里昂・瓦爾拉斯

1　之前的古典經濟學〔詳見P284〕或馬克思經濟學都採用勞動價值論，主張商品的價值由勞動決定，但這 3 人認為商品價值由主觀的效用決定。

2　假設在炎炎夏日，口乾舌燥時，買 1 瓶礦泉水所得到的效用（滿足感）為100。

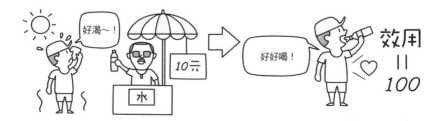

3 接著又買了第2瓶，因尚未完全解渴，仍有滿足感，但沒有第一瓶時那麼多，假設變成70。

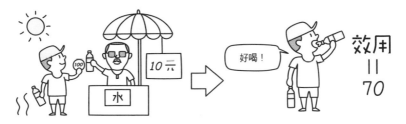

4 第3瓶，就覺得喝不喝都可以，效用降到30；到第4瓶時，已經不想喝了，效用降為0。

5 每增加一單位消費量時的效用稱為「邊際效用」，隨著消費量的增加，邊際效用愈來愈少（邊際效用遞減法則）〔詳見P43〕。

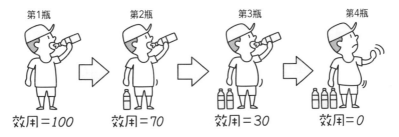

6 以人的效用來考慮商品價值，對比從前，這是很大的轉變。

邊際效用理論以主觀的價值理論說明消費者的行為，之後發展為企業經濟行為的分析（邊際生產力理論，Marginal Productivity Theory）。為觀察再增加一單位時的變化，使用偏微分（Partial derivative，又稱偏導數）的方法，將經濟學〔詳見P12〕與數學結合，也是劃時代的創舉。

行為經濟學（Behavioral Economics）

人類的行為未必都是理性的。將人類的心理、感情等納入經濟學〔詳見P12〕分析，就是行為經濟學。

2002 年行為經濟學家丹尼爾・康納曼
（Daniel Kahneman，1934～）
獲得諾貝爾經濟學獎，使這個理論開始受到矚目。

1　傳統經濟學理論的前提是人類會最大限度地追求金錢利益，採取理性的行動。

2　但實際上，人類有許多行為稱不上理性。為這些非理性行為的狀態或傾向找出定律的學問，就是行為經濟學。

3　例如，B先生對想吃哈蜜瓜的A小姐提出兩種提案：

4 若採取理性行為,應該不會現在就要1個,而會等一個月後得到2個。

5 但是許多人會敗給想立刻吃的心情,選擇現在就要1個,無論如何都要以眼前的滿足感為優先。

6 再舉個例子,假設C小姐買彩券中了1萬元。

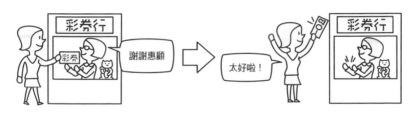

7 C小姐是個非常節儉的人,她會把打工賺來的1萬元珍而重之地存起來。

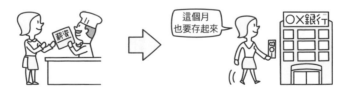

8 不過,彩券中的1萬元,她馬上拿去吃牛排了。以C小姐平時的節儉來看,這絕不能說是理性的行為。這就是得來容易的錢往往會浪費掉的例子。

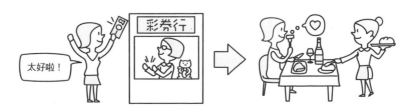

絕對剩餘價值
（Absolute Surplus Value）

剩餘價值的一種形態。剩餘價值就是利潤，資本主義社會以多獲取剩餘價值為目的。企業〔詳見P52〕（資本家）將工人勞動時間延長所獲得的剩餘價值，馬克思〔詳見P262〕稱為絕對剩餘價值。

1 利潤的根源來自於兩種勞動。一種是「必要勞動」（Necessary Labour，Notwendige Arbeit）：工人提供的勞動價值。

2 另一種則是「剩餘勞動」（Surplus Labour，Mehrarbeit）：為資本家的利潤而勞動。

3 工人的總勞動時間就是必要勞動時間加剩餘勞動時間的總和。

工人的總勞動時間 ＝ 必要勞動時間 ＋ 剩餘勞動時間

4 必要勞動時間可說是工人為獲得薪資而耗費的勞動時間；剩餘勞動時間可說是企業（資本家）為獲得利潤而耗費的勞動時間。

5 企業要增加利潤，便想盡可能增加剩餘勞動時間。絕對剩餘價值就是企業因增加剩餘勞動時間所得到的利潤。

6 例如，A小姐在某工廠工作，一天的總勞動時間（8小時）中，假設有5小時是A小姐為賺取薪資而工作，亦即必要勞動時間是5小時。

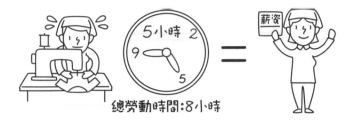

7 如此一來，A小姐在這家工廠工作的總勞動時間（8小時）中，有3小時成了企業的利潤，亦即剩餘勞動時間是3小時。

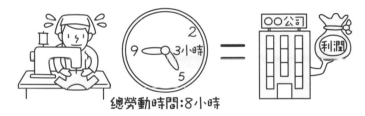

8 企業為增加利潤，把A小姐的總勞動時間由8小時延長到10小時。這種情況下，延長的2小時是剩餘勞動時間，也就是與企業的擴大利潤連結，增加絕對剩餘價值。

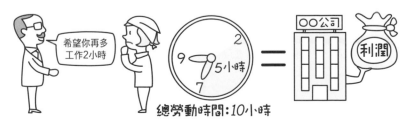

相對剩餘價值 (Relative Surplus Value)

由馬克思〔詳見P262〕所提出，是剩餘價值的一種形態。企業〔詳見P52〕（資本家）為了增加剩餘價值（利潤），提高效率、進行合理化（譯注：Rationalization，基本上是為了因應工人的抵抗，在企業內部展開追求最高限度利潤的各種對策。包括勞動時間的延長、機械操作台數的增加、提高機械運轉數以加強勞動強度，謀求提高勞動生產力與降低生產成本等。隨著資本主義的發展，合理化有更多面向，包括採用新銳機器以強化勞動，追求平均以上的利潤；科學化管理，如改組作業組織、革新勞務管理、節省勞務費用等），相對增加了剩餘勞動時間，藉此產生剩餘價值。

1　企業（資本家）想延長工人的總勞動時間，以獲取利潤，但這種方式有其極限。

2　於是，想藉由縮短工人的必要勞動時間，增加剩餘勞動時間，以擴大利潤。

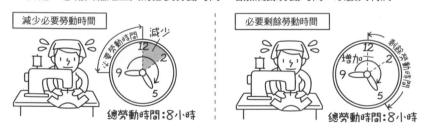

3　例如，A小姐在某工廠工作，總勞動時間 8 小時。

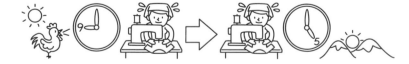

4　A小姐的總勞動時間一樣是 8 小時，但A小姐所負責工序的一部分因為機械化，生產力提高，A小姐的必要勞動時間就從 5 小時縮短為 3 小時。

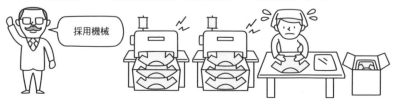

5 但另一方面，A小姐的剩餘勞動時間從3小時增為5小時。

6 於是，A小姐的薪資減少了，企業（資本家）的利潤增加了。

7 因此，在追求利潤的資本主義社會，企業藉由努力提高生產力，減少工人的應得薪資。

8 同時，企業（資本家）的應得利潤就愈來愈多。這就是馬克思的想法。

流動性偏好理論
(Liquidity Preference Theory)

人們基於貨幣可在任何時候購買物品與勞務〔詳見P13〕、可在緊急狀況時使用，且比其他資產有利這3個理由，而想保有貨幣，而利率是由對貨幣的需求與供給〔詳見P34〕所決定。

流動性偏好理論是關於利率決定的理論，
由凱因斯〔詳見P266〕在《就業、利息和貨幣的一般理論》中提出。

1　有3種動機使人想以貨幣的形式保有資產。

2　第一個是「交易動機」(Transactions Motive)：因日常的交易而想保有貨幣。例如，如果手邊有10萬元現金，無論何時都能買麵包。

3　第二個是「預防動機」(Precautionary Motive)：為突發事件的開支而準備貨幣。例如，忽然感冒，身邊有現金就能買藥。

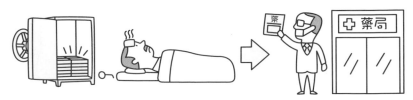

4 第三個是「投機動機」(Speculative Motive)：為獲得利益而保有貨幣。例如，
預測將來股票、債券的價值會下降，為避免債券或股票的價格低於投資金額，
保有現金比較有利。

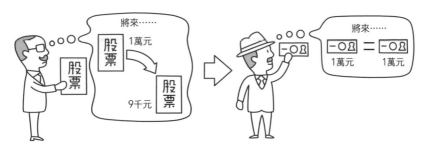

5 因為以上3個理由，人們選擇流動性高的現金。對現金的需求有各式各樣的理
由，為因應這些需求，利率便訂在中央銀行供給貨幣的平衡點。

6 因此可以說，因保有股票、債券等有價證券而獲得的利息，是捨棄現金流動性
所獲得的報酬。

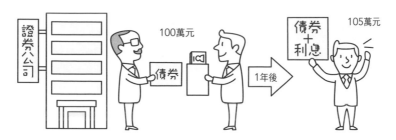

新古典經濟學〔詳見P286〕認為，利率由整體經濟儲蓄與投資的相等點決定；
凱因斯則認為是由貨幣〔詳見P152〕的需求與供給〔詳見P34〕決定利率。

財富效應（Wealth Effect）

擁有財產對消費支出的效果。在新古典經濟學派〔詳見P286〕與凱因斯學派〔詳見P266〕的爭論中，新古典經濟學家指出，若薪資與物價〔詳見P134〕降低，人們所擁有財產的實質價值會提高，就會有增加消費的效果。這項觀點由亞瑟·皮古提出，亦稱皮古效應（Pigou effect）〔詳見P103〕。

1　例如，A先生有100萬元存款，B先生有10萬元存款，兩人都是月入4萬元。

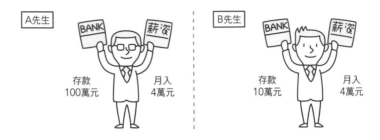

2　某段時間時物價下跌，兩人平時買的麵包從20元變成15元。

3　同時，兩人的薪水也從4萬元降為3萬元，用薪資能買到的麵包個數不變。

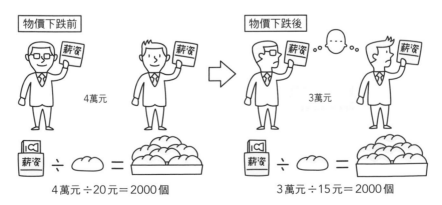

4　不過，A先生的存款能買到的麵包個數大增。亦即，100萬元的實質價值上升。

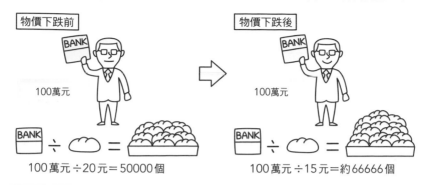

物價下跌前

BANK
100萬元

BANK ÷ 🍞 = 🍞🍞🍞

100萬元÷20元＝50000個

物價下跌後

BANK
100萬元

BANK ÷ 🍞 = 🍞🍞🍞

100萬元÷15元＝約66666個

5　B先生也有10萬元存款，與A先生同樣享受實質價值的上升。

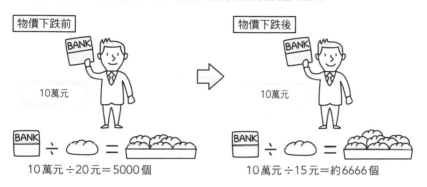

物價下跌前

BANK
10萬元

BANK ÷ 🍞 = 🍞🍞🍞

10萬元÷20元＝5000個

物價下跌後

BANK
10萬元

BANK ÷ 🍞 = 🍞🍞🍞

10萬元÷15元＝約6666個

6　不過，A先生財產比B先生多，更覺得自己變有錢，便以增加支出的形式消費。

一般而言，因所擁有財產的價值上升而增加消費或投資，多稱為「財富效應」。但實際上，當股價上漲，所持股票的價值上升，即使不賣掉股票換成現金，也有引發消費熱潮的案例。綜合以上所述，所持金融資產（Financial Asset）、不動產等的價值上升，也是增加消費的極大原動力。相反的，因財產價格下降而減少消費，則稱為「負財富效應」（Negative Wealth Effect）。

基欽週期（Kitchin Cycle）

景氣循環〔詳見P198〕因企業〔詳見P52〕庫存的變動而產生，以約40個月為一個循環，這種短週期理論稱為基欽週期。

由美國經濟學家約瑟夫‧基欽
（Joseph Kitchin，1861～1932）
提出，故稱基欽週期。

1　當商品暢銷，企業就會增加生產，庫存便減少。

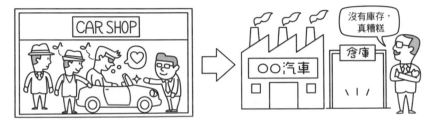

2　於是，企業為避免產生「接了訂單但無法出貨」的機會損失（Opportunity Loss），便趕緊增加生產。

3　結果，因就業增加、薪資上升，消費也更加活躍，景氣改善。

4 不久，銷售陷入瓶頸，生產量多於販賣量，庫存就漸漸增加。

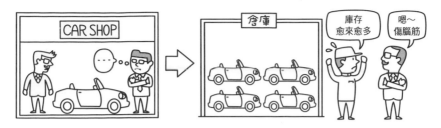

5 於是，企業轉而進行生產控制（Production Control），減少庫存，但不久生產量超過販賣量的情況又繼續發生，庫存不斷增加。

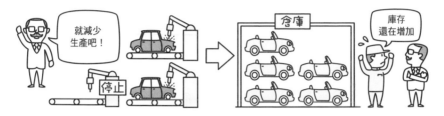

6 然後，企業不得不縮減生產，个久庫存就逐漸減少。

7 如此一來，企業就會走向降低員工薪水、裁減員工的方向，導致消費急凍、景氣惡化。

這就是企業為了調整庫存，反覆進行生產的擴大與縮減之景氣循環過程。

尤格拉週期（Juglar Cycles）

景氣循環〔詳見P198〕因企業〔詳見P52〕設備投資的變動而產生，所以約10年為一個循環。

由法國經濟學家克萊門特・尤格拉（Clement Juglar，1819～1905）提出，故稱為尤格拉週期。

1　某公司引進許多電腦，該公司的工廠則採用機器人來製造產品。

2　這些電腦與機器人都有壽命極限，一般而言大約10年。

3　因此，製造這些機械、材料的公司，每10年就會因產品的暢銷而賺錢。

顧志耐週期 (Kuznets Cycle)

景氣循環〔詳見P198〕因建築物的改建而產生,所以約20年為一個循環。

由美國經濟學家賽門‧史密斯‧顧志耐
(Simon Smith Kuznets,1901～1985)
提出,故稱顧志耐週期。

1　假設某地建有獨棟房屋、商業設施及工廠等。

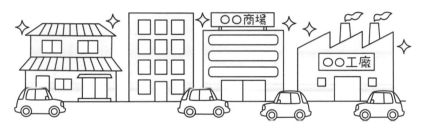

2　一般認為這些建築物的壽命約20年,現在時間到了,有必要重建或改建。

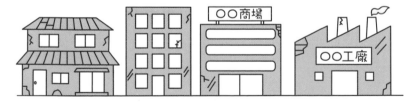

3　於是對建築業、改建業的需求增加,景氣改善。

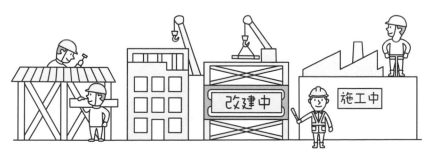

康德拉捷夫週期（Kondratieff Wave）

景氣循環〔詳見P198〕因技術革新而產生，所以約50年為一個循環。

由前蘇聯經濟學家尼古拉・康德拉捷夫
（Nikolai Dmitrievich Kondratieff，1892～1938）在其論文《經濟生活中的長波》（The Long Waves in Economic Life）中提出。之後依據約瑟夫・熊彼得（Joseph Alois Schumpeter）〔詳見P268〕的理論，康德拉捷夫週期包括以下3個循環波動：

1　第一波是在1780～1840年代，起於因為紡織機、蒸汽機的發明而引發的工業革命。

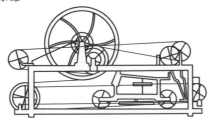
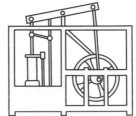

2　第二波是在1840～1890年代，起於鐵路網的發展、製鐵技術的革新及電信的發達。

3　第三波是在1890年～1930年代，則起於電力、化學技術的發展及汽車產業的發達。

生於奧地利的美國經濟學家熊彼得在其著作《景氣循環論》（Business Cycles）中，將康德拉捷夫的長波理論命名為「康德拉捷夫週期」。1800年代至現代，直到2050年的循環曲線圖如下：

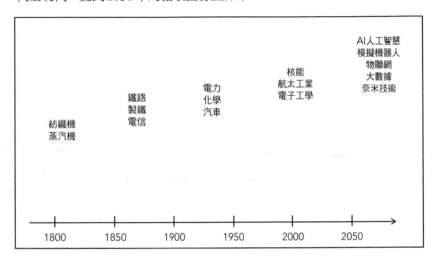

Internation
Economic

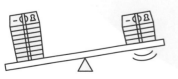

第4章

國際經濟學

進口貨物（Imported Goods）

從其他國家買進的物品與勞務〔詳見P13〕。

出口貨物（Exported Goods）

賣到其他國家的物品與勞務〔詳見P13〕。

絕對利益（Absolute Advantage）

某國能夠比其他國家生產更多某種商品。

1 假設 A 國與 B 國的人口、資本差不多，但氣候與土地生產力不同，這兩國都只
　栽種蘋果和橘子。

2 若這兩國專門栽種蘋果，A 國能生產 100 公斤、B 國能生產 60 公斤。因此在蘋
　果的生產方面，A 國可說具有絕對利益。

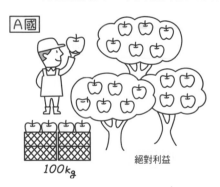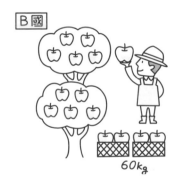

3 如果這兩國專門栽種橘子，A 國能生產 60 公斤，B 國則能生產 30 公斤。亦即，
　在橘子的生產方面，A 國可說也有絕對利益。

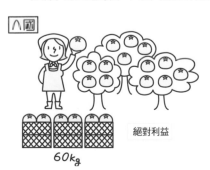

比較利益 (Comparative Advantage)

比起其他國家，某國能以較高的效率，較低的機會成本〔詳見P26〕生產產品。

1　假設A、B兩國都只栽種蘋果與橘子。

2　某段期間，A國專業化〔詳見P24〕生產蘋果，收穫400公斤；專業化生產橘子時，
　　收穫則有80公斤。

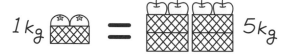

3　也就是說，A國生產1公斤橘子的機會成本是5公斤蘋果（蘋果400公斤÷橘
　　子80公斤）。

4　而在某段期間，B國專業化生產蘋果，收穫60公斤；專業化生產橘子時，收穫
　　則有60公斤。

5 也就是說，B國生產1公斤橘子的機會成本是1公斤蘋果（蘋果60公斤÷橘子60公斤）。

6 兩國相較，B國生產1公斤橘子的機會成本是1公斤蘋果，A國則是5公斤蘋果。因此，可說B國在橘子生產方面具有比較利益。

7 再看蘋果的情況。A國生產1公斤蘋果的機會成本是1/5公斤橘子（橘子80公斤÷蘋果400公斤）。

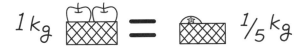

8 B國生產1公斤蘋果的機會成本則是1公斤橘子（橘子60公斤÷蘋果60公斤）。因此，可說A國在蘋果生產方面具有比較利益。

綜上所述，A國只栽種蘋果，出口到B國；B國只栽種橘子，出口到A國，應該對兩國都比較好。

關稅（Tariff）

對輸入本國的進口貨物〔詳見P238〕所課的稅金。

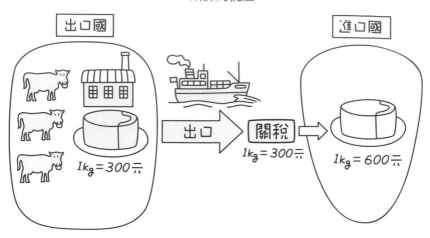

進口限額（Import Quota）

限制對本國進口貨物〔詳見P238〕的數量。

保護性關稅 (Protective Tariff)

為保護國內的產業，政府對進口貨物〔詳見P238〕所課的關稅。

1 A國生產蘋果，假設栽種一個蘋果的成本是10元。

2 鄰國B國也栽種蘋果。B國的蘋果比A國便宜，一個成本8元。因此，A國想從B國進口8元的蘋果。

3 但若A國進口了8元的B國蘋果，A國農民的蘋果就賣不出去，這就糟糕了。

4 所以，A國政府對B國的蘋果課徵關稅3元，B國進口的蘋果就變成11元了。在B國進口便宜蘋果的衝擊下，A國的蘋果因此受到保護。

財政關稅（Revenue Tariff）

政府以增加稅收為目的而課徵的關稅〔詳見P242〕，又稱「收入關稅」。

1　A國栽種1個蘋果需要10元，B國只需要8元

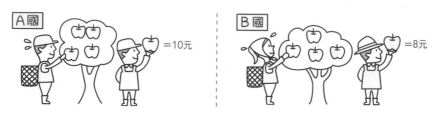

2　A國想從B國進口8元的蘋果，但為不知該課多少關稅而煩惱。

3　若對B國栽種的8元蘋果課徵關稅3元，B國的蘋果就變成11元；這樣的話，也許A國的蘋果就會比B國暢銷。

4　因為A國想用關稅來增加稅收，所以對B國蘋果課徵1元關稅；如果以9元的價格在A國販賣，還是會比10元的A國蘋果暢銷。

如上述A國的做法，課徵關稅並非為保護本國產業，而是為了增加稅收，這樣的關稅便稱為「財政關稅」。

外匯 (Foreign Exchange)

不同貨幣的兩國間之借貸，採取不直接輸送現金的清償方式。

· 以日本人向美國購買蘋果為例。

外匯匯率 (Rate of Foreign Exchange)

本國貨幣相對於他國貨幣的價格〔詳見.P100〕，有兩種表示法。

在外匯市場以本國貨幣結算
（外幣〔美元〕一單位相當於台幣幾單位）

1美元＝30台幣

1美元可用30台幣
交換的意思

在外匯市場以外國貨幣結算
（台幣一單位相當於外幣〔美元〕幾單位）

1台幣＝0.033美元

1台幣可用0.033美元
交換的意思

浮動匯率制度
(Floating Exchange Rate System)

在外匯市場，匯兌（不經由現金交換的支付方式）比率由需求〔詳見P35〕與供給〔詳見P35〕的平衡關係決定之制度。

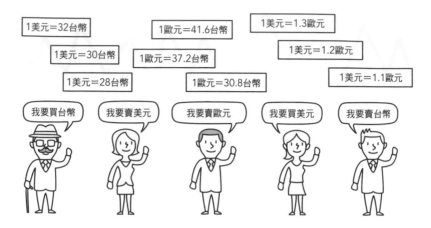

固定匯率制度
(Fixed Exchange Rate System)

經由國與國之間的商議，使匯率固定的制度。

貿易（Trade）

國與國之間物品與勞務〔詳見P13〕的買賣交易。

1 例如，A國農業發達，但無法開採石油；而B國能開採到豐富的石油，農業卻相當落後。

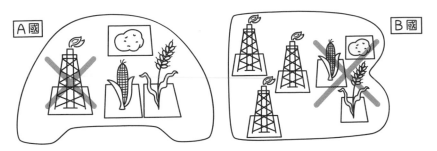

2 因此，A國想向石油資源豐富的B國購買石油。這可說是A國從B國進口石油，也可說是B國向A國出口石油。

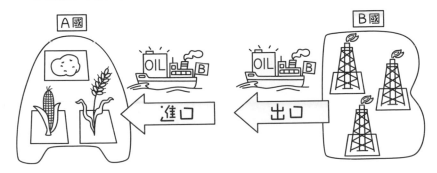

3 相反的，B國因為農業落後，想從A國買進小麥。這可說是B國從A國進口小麥，也可說是A國向B國出口小麥。

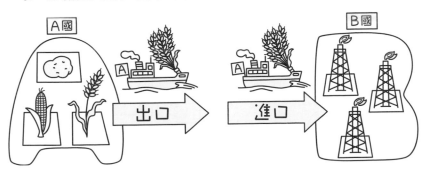

垂直貿易（Vertical Trade）

貿易〔詳見P247〕的形態之一。某國出口原物料，由其他國家加工成工業產品後，再將產品出口的貿易形態。

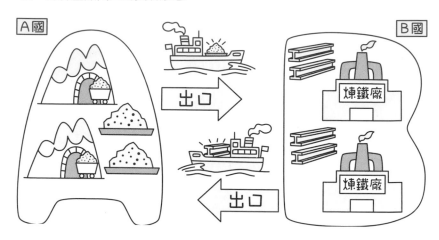

水平貿易（Horizontal Trade）

貿易〔詳見P247〕的形態之一。經過加工的最終產品〔詳見P142〕相互出口、進口的貿易。

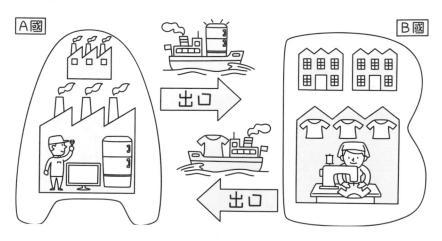

國際分工（International Division of Labor）

各國集中製造自己擅長的產品，並將其出口，其他商品則從別的國家進口。

1 例如，A國生產汽車的技術優良，但無法自行供給製造汽車的原物料。

2 因此，A國從B國與C國進口製造汽車的原物料。

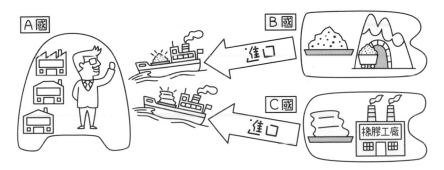

3 A國使用進口原物料製造汽車，再出口B國與C國。

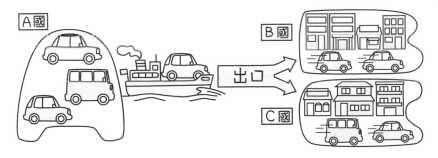

各國重點製造自己擅長的產品，再互相進口、出口，以提高生產效率。

自由貿易（Free Trade）

國家不以關稅〔詳見P242〕等方式介入貿易，而由生產者與買賣商品者自由進
行貿易。

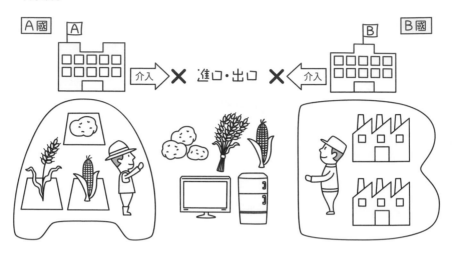

保護貿易（Protective Trade）

貿易〔詳見P247〕的形態之一。國家用課徵關稅〔詳見P242〕、限制進口量等方式
保護本國產業的貿易政策。

貿易順差（Trade Surplus）

出口額超過進口額。貿易順差增加時，從貿易國收到的外幣增加，賣掉外幣、購買台幣的機會增加，台幣升值〔詳見P210〕。

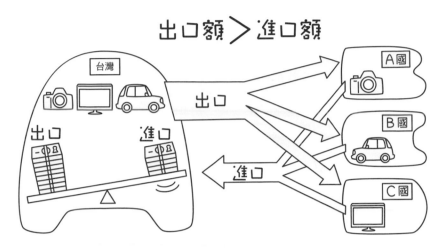

貿易逆差（Trade Deficit）

進口額超過出口額。貿易逆差增加時，對貿易國支付的外幣增加，賣掉台幣、購買外幣的機會增加，台幣貶值〔詳見P212〕。

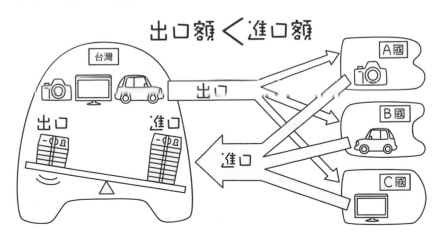

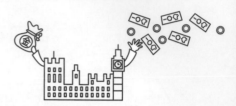

Economic History

世界經濟史

第 5 章

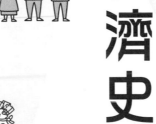

亞當 · 斯密
（Adam Smith，1723～1790）

英國經濟學家。
生於蘇格蘭，曾在牛津大學求學。1776年發表《國富論》。
國家的經濟如何才能發展？他的結論是，真正的自由競爭市場會為社會整體帶來最大的利益。亞當 · 斯密是第一個對資本主義社會結構進行理論性分析的人，故被稱為「現代經濟學之父」。

1　亞當 · 斯密在其著作《國富論》中說明，國家的財富，來自經由勞動而生產的物品〔詳見P13〕。

蘋果
這個物品

洋裝這個物品

汽車這個物品

2　當時的主流是重商主義〔詳見P282〕，認為抑制進口、盡量鼓勵出口，國內就會累積貴金屬，國家就會富裕起來。

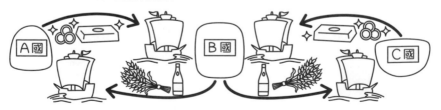

3　亞當 · 斯密批判重商主義，他認為進口可以引進國內缺乏的商品、擴大市場、使國民富足，自由的經濟活動會產生財富。

4 他也認為，如果勞工集中於特定的工作，就會提升技能，增加生產力；公司成本也會降低，能夠生產更多物品，增加財富。因此，分工是必要的。

5 亞當·斯密主張政府不應極力干涉市場（自由放任）〔詳見P101〕。即使政府不介入，「看不見的手」也會為市場帶來秩序。

6 例如，兩間蔬果店販賣相同的番茄，但價格不同，顧客就會在比較便宜的店購買番茄，較貴的那家就不得不降價。

7 如果有兩間工廠製造類似的產品，但薪資相差很多，較高薪的工廠徵得到員工，而低薪的工廠徵不到員工，就不得不調升薪資。

因此，亞當·斯密認為，即使政府不介入，經濟也會自然地運轉。

大衛・李嘉圖
（David Ricardo，1772~1823）

荷蘭經濟學家。
阿姆斯特丹的商業學校畢業後，14歲就開始從事證券交易，是成功的實業家。他邊工作邊發表經濟學論文，42歲時退休，專心著述。1817年發表《經濟學及賦稅原理》（On the Principles of Political Economy, and Taxation，中文版由臺灣銀行經濟研究室出版）。與亞當・斯密〔詳見P254〕並列，是古典經濟學〔詳見P284〕最重要的經濟學家之一。

1　李嘉圖那個時代的歐洲，主流思想是重商主義〔詳見P282〕，政策方向是嚴格限制國際貿易，增加出口，減少進口。

2　李嘉圖受亞當・斯密《國富論》的影響，雖然他的思想不符合當時主流，他仍提倡國際分工的用處與自由貿易的好處。

3　李嘉圖從事貿易時提出了比較利益理論（又稱「比較成本理論」，Theory of Comparative Cost）〔詳見P240〕，認為如果各國專門製造自己擅長的產品，其餘物品由他國進口，彼此都能得到更多利益。

4 舉例說明比較利益理論：假設與 B 國相比，A 國較擅長生產蘋果，較不擅長生產橘子；A 國若集中生產蘋果，所犧牲的橘子產量相對變少，蘋果產量就能提高。

5 相反的，與 A 國相比，B 國較擅長生產橘子，較不擅長生產蘋果；B 國若集中生產橘子，所犧牲的蘋果產量相對變少，橘子產量就能提高。

6 因此，各國致力於自己相對擅長的領域，就能生產高品質的物品與勞務，提高整體利益。

257

7 此外，李嘉圖也提出差額地租論（Differential Rent Theory），即肥沃、生產力高的土壤與生產力低的土壤相比，生產成本較低；若農產品的販賣價格相同，肥沃土壤所生產的農產品就會產生超額利潤，形成差額地租（Differential Rent）。

李嘉圖對亞當・斯密的勞動價值論（物品價值由製造該物品所耗費的勞動量決定）〔詳見P216〕的發展也有相當貢獻。

湯瑪斯・馬爾薩斯
(Thomas Malthus，1766～1834)

英國經濟學家、社會學家。

1766 年生於牧師家庭，劍橋大學碩士。主要著作為《人口論》(1798，An Essay on the Principle of Population)。

當時正值英、法交戰，面對物價高漲等經濟問題，政府以救貧法 (poor laws) 為對策；但對救貧法是否需要修改，當時有許多爭論。在這樣的情勢中，馬爾薩斯以人口原理批判理想主義的改革派。

1　馬爾薩斯在著作《人口論》中，提到食物的增減與貧困問題，並說明人口增減的原理。

2　馬爾薩斯《人口論》的論述從兩個基本、明顯的前提開始。第一個前提是，食物是人類生存不可或缺的。

3　第二個前提是人類異性間必有情慾存在。

4　以第二個前提為基礎，推導出人口若無任何限制，會以幾何級數加倍成長，如「1、2、4、8……」；食物則只能以算術級數、加法的方式成長，如「1、2、3、4……」。（譯注：級數中，第二項起的任何一項與其前項之比恆等者稱「幾何級數」；自第二項起之任一項與其前一項之差恆為定值的級數稱「算術級數」）

5　因此，人口過度增加、糧食與人口失去平衡，糧食不足的不均衡狀態遲早一定會發生。

沒食物啦～

6　不過，糧食與人口失去平衡時，會出現兩種試圖矯正的力量，一種是毀滅性的「積極的抑制」（Positive Checks）力量，如飢餓、貧困、戰爭、瘟疫等。

7　另一種力量則是「道德約束的（moral restraint）預防性抑制（Preventive Checks）」，即有計畫的控制情慾，如避孕、墮胎、晚婚、不婚等，抑制人口的出生。

因為這兩種力量的運作，人口數會調整回來，達到社會生產力能供應的程度，自動取得人口與糧食的平衡。

約翰‧彌爾
(John Stuart Mill，1806〜1873)

英國哲學家、社會學家、經濟學家。

李嘉圖學派經濟學家詹姆斯‧彌爾(James Mill)的兒子。與亞當‧斯密〔詳見P254〕、李嘉圖〔詳見P256〕、馬爾薩斯〔詳見P258〕都是古典經濟學〔詳見P284〕的代表人物。主要著作有《論自由》(1859，On Liberty，中文版由臉譜出版〔2004〕)、《政治經濟學原理》(1848，Principles Of Political Economy，中文版由臺灣銀行經濟研究室出版〔1966〕，書名譯為《經濟學原理》)

1 約翰‧彌爾是以傑瑞米‧邊沁(Jeremy Bentham)所奠定的功利主義(Utilitarianism，中心思想為增進最大多數人的最大幸福)為基本原理，認為功利(譯注：功利指功效與利益。功利主義又稱效益主義)是人類行為正確與否的基準，亦即，判斷是非對錯的標準在於該行為能否產生幸福。

2 他在代表作《論自由》中說明自由的意義；自由並非只是個人追求自己的幸福，而是要提高社會整體的福祉。

3 彌爾認為可用經濟政策改變社會。在經濟的自然法則中，雖然多數財富集中在
  資本家和地主手裡，但經由政府的再分配，就能提高社會的幸福程度。

幸福程度

4 彌爾的另一代表作《政治經濟學原理》中，提到遺產稅與累進稅制〔詳見P146〕的
  可能性，以及勞工本身組織合作社等等。

遺產稅　　　　　　　累進稅制　　　　　　　　　　合作社

稅金（稅率）
高

稅金（稅率）
低

5 這些想法後來成為福利國家觀點的原型。

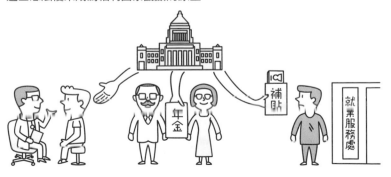

補貼　年金　就業服務處

邊沁主張的功利主義是「量的功利主義」（Quantitative Utilitarianism），他認為
個人的最大幸福，就是將幸福與痛苦相減所得之差最大化；彌爾發展此概念，但
主張「質的功利主義」（Qualitative Utilitarianism），認為幸福並非「量」可以衡
量，而是跟「質」有關，重點是要提高幸福的品質。

卡爾・馬克思
(Karl Marx，1818～1883)

德國經濟學家、哲學家。父親是律師。在耶拿大學（Friedrich-Schiller-Universität Jena）取得哲學博士學位。

1848 年時，與工業資本家弗里德理希・恩格斯（Friedrich Engels）合著了《共產黨宣言》（The Communist Manifesto，中文版由麥田出版，2014），分析、批判資本主義經濟制度，並與恩格斯共創馬克思主義。晚年撰寫代表作《資本論》（1867），馬克思撰寫第一卷，第二、第三卷則由恩格斯完成。被稱為「社會主義之父」。

1　馬克思生活在 19 世紀，那個時代定期發生經濟恐慌，勞動環境惡劣，從成人到兒童，長時間勞動都是理所當然的，多數工人陷入貧困。

2　這種情況下，對亞當・斯密在《國富論》中提倡的自由放任〔詳見P101〕，馬克思持懷疑態度。他在代表作《資本論》中指出，在資本主義經濟制度之下產生階級差距，財富集中於資本家，工人則陷入貧窮。

工人　　　　　　　　　　　　　　　　　　　　　資本家

3　基於勞動價值論（商品的價值由勞動決定）〔詳見P216〕，他認為經由勞動才產生物品與勞務〔詳見P13〕，然後才形成財富。

＝富

4　於是，資本家為了盡可能多獲取剩餘價值（利潤），首先延長工人的勞動時間，
以增加利潤；用這種方式獲得的利潤稱為「絕對剩餘價值」〔詳見P222〕。

5　不過，勞動時間的延長有其極限，資本家便採用機械、提高生產力，以減少工
人應得的份額，以這種方式增加的利潤稱為「相對剩餘價值」〔詳見P224〕。在這
樣的資本主義社會，資本家擁有更多財富，工人益發貧窮，階級差距擴大。

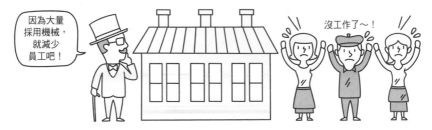

6　馬克思認為，為矯正貧富差距，工人會起來革命，從資本家手裡奪回生產手段
（Means of Production），那應該是屬於所有工人的。

7　後來，基於這樣的社會主義理念，列寧（Vladimir lenin）建立了蘇維埃社會
主義共和國聯邦（Russian SFSR），中國大陸也成立了中華人民共和國，但缺
乏競爭的計畫經濟還是大敗的。

列寧

蘇維埃社會主義共和國聯邦

阿爾弗雷德 · 馬夏爾
(Alfred Marshall，1842~1924)

英國經濟學家，生於倫敦，拿獎學金進入劍橋大學，學習數學與倫理學。

之後擔任劍橋大學教授，創立劍橋學派，是新古典經濟學〔詳見P286〕的代表人物。凱因斯〔詳見P266〕與皮古〔詳見P103〕都是他的學生。共著作《經濟學原理》（Principles of Economics，1890），長期以來都是新古典經濟學的教科書。

1　馬夏爾因採用邊際效用〔詳見P42〕理論而知名。此外，他致力研究價格如何決定；他認為在完全競爭市場〔詳見P70〕，價格會調整到需求與供給相等的點；也就是說，價格會落在需求線與供給線交叉的供需均衡點。

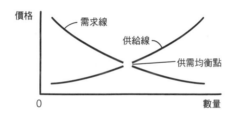

2　從供給方的角度來看這項供需法則，就是製造物品與勞務〔詳見P13〕的生產者為了滿足消費者的需求，將商品供給到市場。

3　若消費者的需求多於該物品與勞務的供給量（超額需求，Excess Demand），商品價格就會上漲。

4 若生產者的供給超過了消費者的需求（超額供給，Excess Supply），價格就會
下降。

5 價格依據需求量與供給量等數量的變化調整至均衡點，稱為「馬夏爾的調整過
程」（Marshall's adjustment process）。

6 馬夏爾K值（Marshallian k）的分析也相當知名。「馬夏爾K值」指貨幣供給
量（Money Supply）與GDP〔詳見P122〕的比值。即假設GDP是1時，貨幣供
給量是GDP的幾倍。

假設馬夏爾K值是1.5，就表示貨幣供給量是GDP的1.5倍。

$$\text{馬夏爾K值} = \text{貨幣供給量} \div \text{GDP}$$
$$(1.5) \qquad\qquad (150) \qquad\qquad (100)$$

7 因此，馬夏爾K值愈大，表示社會上金錢愈多。看現在的值與長期趨勢（傾向）
有多少差距，就可判斷貨幣供給量適當與否。

亦即，馬夏爾K值若大幅高於趨勢，可判斷社會上金錢充斥；若遠低於趨
勢，則可判斷社會上金錢不足。

約翰・梅納德・凱因斯
(John Maynard Keynes，1883～1946)

英國經濟學家，就讀劍橋大學時，曾向馬夏爾〔詳見 P264〕學習過經濟學，但後來分道揚鑣。
1929～1933年全世界發生經濟大恐慌，1936年他出版了代表作《就業、利息和貨幣的一般理論》。他研究經濟學，同時也投資股票，據說他賺的錢大都用來贊助藝術家。

1　1929年美國開始受世界經濟大恐慌的影響，失業者增加。於是凱因斯開始思考，如何使不穩定的經濟穩定下來？

2　當時古典經濟學對失業的看法仍是「自願性失業」(Voluntary Unemployment)：人會失業是因為勞工本人覺得薪水太少，拒絕在這種低薪狀況下工作。

3　但凱因斯經過世界經濟大恐慌，主張除了「自願性失業」之外，還有「非自願性失業」(Involuntary Unemployment) 的存在，這是因為企業沒有提供就業機會而導致。

4 因此，凱因斯主張，在經濟不穩定的狀況下，政府應積極介入經濟，創造就業
  機會。

5 例如，政府以興建高速公路做為財政政策。

6 於是，承包該事業的建築業者會賺錢，再將那些錢轉為投資；該公司員工的薪
  水也會增加，那些錢便轉為消費。建築業者所賺的錢一部分用於投資，受惠的
  機械公司員工薪水也會增加。凱因斯認為，政府必須創造有效需求〔詳見P165〕，
  這會產生乘數效果〔詳見P176〕。

267

7 為提高乘數效果，凱因斯認為最好能引導多數人將自己的錢用來消費，因此提
  倡累進稅制〔詳見P146〕。

約瑟夫・熊彼得
(Joseph Schumpeter，1883～1950)

奧地利經濟學家。
任奧地利的財政部長、比德曼銀行（M . L .Biedermann
Bank）行長等。建立企業創新才能帶來經濟成長的理論。
主要的著作有《經濟發展理論》（1912，The Theory of
Economic Development: An Inquiry into Profits, Capital,
Credit, Interest, and the Business Cycle，中文版由商周
出版，2015）、《資本主義、社會主義與民主》（1942，
Capitalism, Socialism and Democracy）等。

1　熊彼得把創新（Innovation）分成5種。第一種是生產新產品或新品質的產品。

2　第二種是採用新的生產方法。

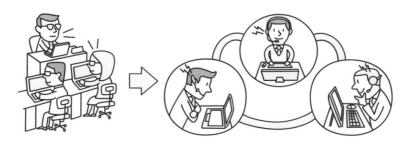

3　第三種是使新組織具體化。

4 第四種是開拓新市場。

5 第五種是開拓新的供應來源。

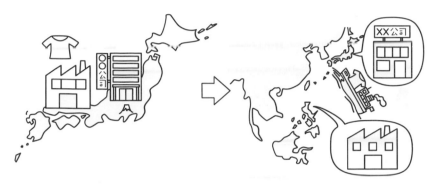

6 熊彼得把帶來這些創新的人稱為企業家（Entrepreneur），認為他們扮演破壞舊事物，創造新事業的重要角色；並把這些破壞與創造稱為「創造性破壞」（Creative Destruction），認為這對資本主義相當重要。

7 他提出「若不反覆創新，景氣將會停滯」的景氣循環理論，認為景氣與不景氣會反覆發生。

萊諾・羅賓斯
(Lionel Robbins，1898～1984)

英國經濟學家。

1929年起，長期擔任倫敦政經學院（The London School of Economics and Political Science）經濟學系系主任。

1930年代，羅賓斯因為反對凱因斯〔詳見P266〕的理論，對世界經濟大恐慌提出自己的想法。

他在主要著作《論經濟科學的性質與意義》（1932，Essay on the Nature and Significance of Economic Science）中發展經濟學方法論，把重點放在稀少性。

1　羅賓斯對經濟學〔詳見P12〕的定義：研究人類行為的科學，將人類行為視為滿足目的與擁有各種用途、具稀少性〔詳見P12〕的資源之間的關係。

2　為什麼會如此定義呢？因為人類的欲望無窮，但資源實際上卻是有限的。

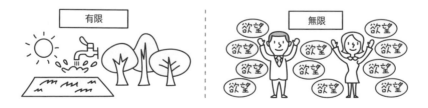

3　也就是說，羅賓斯認為思考人類欲望與資源的平衡，是經濟學的基礎。

4 假設某人擁有土地，並飼養牛。

5 那塊土地的擁有者考慮是要改種小麥，還是要繼續飼養牛？

6 當地吃米的人比較多，想用小麥製作麵包的消費者很少，而需要牛奶的消費者很多。所以土地擁有者在有限的土地中，選擇了飼養牛。這就是把重點放在稀少性的經濟學思考方式。

7 皮古〔詳見P103〕主張，個人的效用是可以測量、比較、相加的，羅賓斯批判這種想法。

8 羅賓斯認為，個人的效用無法測量，不同的人無法比較滿足度，皮古的主張缺乏科學根據。

因為羅賓斯的主張，許多經濟學家對皮古所提倡的福利經濟學（Welfare Economics）進行修改，開拓了新福利經濟學之路。

弗里德理希・海耶克
(Friedrich Hayek，1899～1992)

奧地利經濟學家、哲學家。
年輕時學習法學與政治學，在維也納的奧地利學派中則是活躍的經濟學家。持自由放任主義〔詳見P290〕的思想，是自由主義與反社會主義的象徵人物。
在1944年出版的《到奴役之路》（The Road to Serfdom，中文版由台灣大學出版中心出版，2009）中，批判社會主義與法西斯主義，使這本書成為暢銷書。
1974年獲得諾貝爾經濟學獎。

1　1929年「黑色星期四」（譯注：Black Thursday，1929年10月24日星期四）那天，美國股市暴跌。因之後的不景氣與對市場經濟的信任動搖，產生了凱因斯理論〔詳見P266〕。海耶克繼承新古典經濟學〔詳見P286〕，認為政府不應介入經濟，對凱因斯理論加以批判。

2　凱因斯主張國家介入經濟、創造有效需求〔詳見P165〕；海耶克則主張經濟應交由市場，國家不要干涉；兩種主張對立，但最後美國仍然實施新政（The New Deal），支持凱因斯的理論。

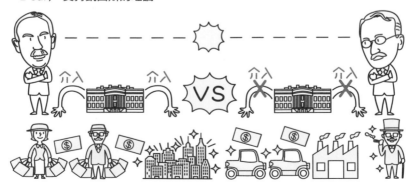

3　此外，海耶克主張徹底貫徹自由與個人主義，在《到奴役之路》中，批判社會
　　主義與法西斯主義，使這本書成為暢銷書。

4　海耶克認為，受蘇聯影響而逐漸擴大的社會主義，與德國希特勒（Adolf
　　Hitler）的極權主義（Totalitarianism），都是將集體秩序強加於社會，這樣的
　　嘗試會走向失敗。

5　海耶克認為，任憑市場〔詳見P20〕確實自由發展，仍可能引起不景氣與通貨膨脹
　　〔詳見P156〕。

6　但政府介入經濟，以計畫經濟統管市場，就不能進行正確的資源分配，也無法
　　順利實行。

保羅・薩穆爾遜
(Paul Samuelson，1915～2009)

美國經濟學家。
統整新古典經濟學與凱因斯的經濟學手法，提出「新古典綜合學派」(Neoclassical Synthesis)。
在代表作《經濟分析的基礎》(1947，Foundations of Economic Analysis) 中，用數學處理過去的經濟理論，為日後經濟學使用數學種下根基。1970 年獲得諾貝爾經濟學獎。

1　薩穆爾遜發表了各式各樣的理論，其中一種是「顯示性偏好理論」(Revealed Preference Theory)，說明消費者行為的定律。

=其中有定律

2　人的效用〔詳見P18〕是基於個人主觀的滿足度，所以無法測量。

好好吃啊！　很方便呢！　好舒服啊！

3　不過，如果透過價格、數量等客觀資料，合理地分析消費者的選擇，就能說明消費者的行為。這就是顯示性偏好理論。

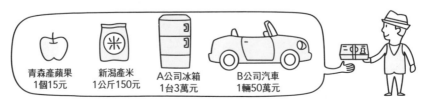

青森產蘋果
1個15元

新潟產米
1公斤150元

A公司冰箱
1台3萬元

B公司汽車
1輛50萬元

4 此外，他也思考公共財〔詳見P104〕的理論（薩穆爾遜條件）〔詳見P114〕：是否有特定的服務必須由政府來提供？如果有，需要什麼條件呢？

5 而在總體經濟學〔詳見P30〕方面，薩穆爾遜則修改了菲利普斯曲線（Phillips Curve）。菲利普斯曲線是由紐西蘭的威廉・菲利普斯（Alban William Housego Phillips，1914～1975）所提出，說明當失業率下降，薪資就會上升；反之，當失業率上升，薪資就會下降。

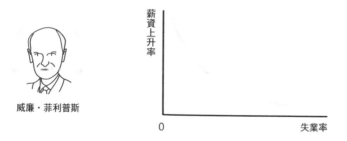

威廉・菲利普斯

6 薩穆爾遜以失業率與物價上升率（通貨膨脹率）的關係重新審視菲利普斯曲線，他主張通貨膨脹率上升則失業率下降，失業率上升則通貨膨脹率下降。

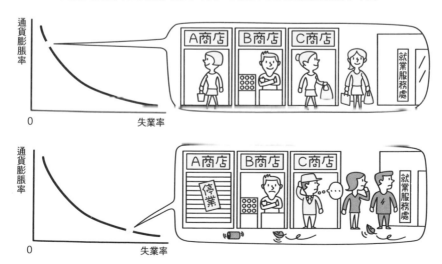

米爾頓・傅利曼
(Milton Friedman，1912～2006)

美國經濟學家。
哥倫比亞大學（Columbia University）博士。
1946～1976 年在芝加哥大學（University of Chicago）任教，培育了許多學生。傅利曼與他的學生們被稱為「芝加哥經濟學派」（Chicago School of Economics）。代表作是《資本主義與自由》（1962，Capitalism and Freedom，中文版由五南出版）。1976 年獲得諾貝爾經濟學獎。

1 在傅利曼之前，美國主流經濟思想是凱因斯〔詳見 P266〕的理論；即認為經濟不穩定時，政府應介入市場，施行財政政策，中央銀行〔詳見 P154〕應實施金融政策。

2 但傅利曼否定凱因斯的想法，他主張若能控制貨幣供給量（社會上流通的貨幣供給量）的增加，經濟就會順利運轉（貨幣主義）〔詳見 P205〕。

3 英國保守黨柴契爾（Margaret Thatcher）政府、美國共和黨雷根政府都採納了傅利曼這個想法。

瑪麗・柴契爾　　　　隆納・雷根

4 他在 1962 年的著作《資本主義與自由》中，具體提出以下政府不應實施的 14 項政策：

①政府買下農作物

②進口關稅或出口限制
課徵關稅

③限制商品或勞務的生產
不要超過這個生產範圍

④管制房租、物價及薪資
房租以10萬元為上限

⑤制定最低工資制度
最低時薪為100元

⑥管制產業、銀行細務
銀行

⑦管制廣播與電信

⑧現行的社會保障制度
年金

⑨事業或職業的證照制度
證照

⑩中央或地方政府經營收費公路

⑪和平時期的徵兵制度

⑫廢止以營利為目的的郵政事業

⑬國家公園
國家公園

⑭公營住宅或住宅建設的補助金

在日本，2001 年開始執政的小泉內閣也實施結構改革，施行郵政民營化、派遣勞動自由化等「小政府」的政策。

蓋瑞・貝克
(Gary Becker，1930～2014)

美國經濟學家。
芝加哥大學、哥倫比亞大學教授。把經濟學應用在人類行為與社會問題的先驅。
代表作是《人力資本》(1964，Human Capital)。1992年獲得諾貝爾經濟學獎。

1 貝克將原本只用於經濟學、金融領域的市場原理與價格理論應用在教育、勞動、歧視、婚姻、生育等日常生活範圍，影響廣泛。

2 例如，在種族歧視問題方面，他證明種族歧視不僅使被歧視者蒙受損失，對歧視者也有害。他的說法為消除種族歧視的輿論形成堅強的理論背景。

3 明確闡述家庭這個單位互相合作、共同生活的理由，確立理論。

4 開闢「人力資本」（Human Capital）領域，將教育問題與經濟學結合，說明學校教育會影響人的所得與生活，進而影響到經濟成長與人口結構。

5 將經濟學的理性（Rationality）概念應用於犯罪行為。亦即，犯罪者是依據犯罪所得利益是否超過機會成本（刑罰等），來判斷要不要做出犯罪行為。他根據此觀點進行科學研究，探討最適當的犯罪防治對策。

貝克的理論囊括了社會政策領域，對美國的輿論、社會政策的制定也有極大影響力。

托瑪・皮凱提
(Thomas Piketty，1971～)

法國經濟學家。

巴黎高等師範學院（École Normale Supérieure，ENS Paris）畢業後，取得法國高等社會科學院（École des hautes études en sciences sociales，EHESS）與倫敦政經學院博士。在麻省理工學院（Massachusetts Institute of Technology，MIT）、巴黎經濟學院（École d'économie de Paris）任教。

代表作為《二十一世紀資本論》（2013，Le Capital au XXIe siècle，中文版由衛城出版，2014）

1 皮凱提是研究經濟不平等的專家，他在《二十一世紀資本論》中評論：資本主義逃不出貧富差距的宿命。

2 過去，矯正貧富差距問題的觀點都把焦點置於勞工的薪資。

3 把改善勞工的薪資待遇視為縮小貧富差距的解決方法。

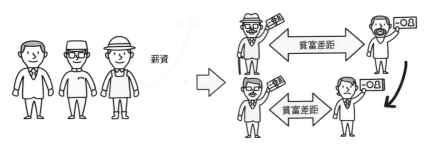

4 相對的，皮凱提認為股票、不動產及存款等資本才可能是貧富差距擴大的主要原因。

5 長期來看，因資產而獲得的財富，多於因勞動而獲得的財富。

6 財富因此集中，富裕階層（Haves）與貧窮階層（Have-nots）的差距漸漸擴大。

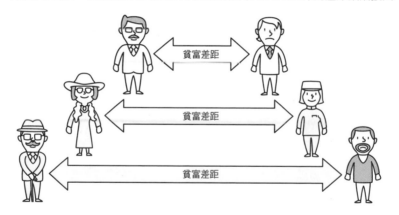

7 為矯正不平等的狀況，皮凱提主張應加強對富裕階層的所得、資產累進課稅。

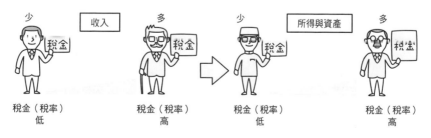

皮凱提的《二十一世紀資本論》在世界各地引起廣泛討論。

重商主義 (Mercantilism)

資本主義發展初期的代表性經濟思想，認為一個國家是否富裕，是由該國的金、銀、貨幣量來決定。

1 16世紀到18世紀，荷蘭、法國及英國都是專制政體，國王擁有統管國家的絕對權力。這些國家皆採用重商主義。

2 因為重視商業、國家統管，以及保護有特權的大商人，所以稱為「重商主義」。重商主義有2種，一種是「重金主義」(Bullionism)，即累積從殖民地剝削而來的金銀。

3 第二種是「貿易差額論」，即藉由限制進口、增加出口，來增加國內金銀與貨幣的累積。為抑制進口，課徵高額關稅，保護本國產業。

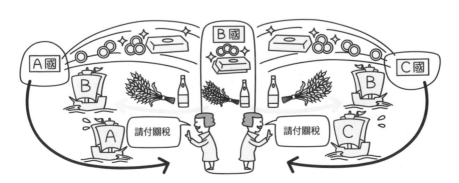

4 1600 年設立的英國東印度公司（English East India Company）就是重商主義政策的象徵。法國路易十四的財政大臣讓・巴蒂斯特・柯爾貝爾（Jean-Baptiste Colbert，1619～1683）也強力推動重商主義政策。當時各國的政策都是課徵高額關稅以抑制進口，並提供出口獎勵金，增加本國的出口。

柯爾貝爾

5 重商主義正盛時，在 18 世紀後半，法國產生重農主義（Physiocratie），對重商主義持批判態度。代表人物弗朗斯瓦・揆內（François Quesnay，1694～1774）主張國家的財富不應向外國尋求，而應從本國的土地（農業）獲得。

揆內

6 重農主義主張農民栽種作物，地主出租土地給農民，工匠製造商品；各人用所得的金錢購買商品，這樣的循環才能使國家的經濟富裕。因此，除地租外，不可向農民課徵其他稅金。

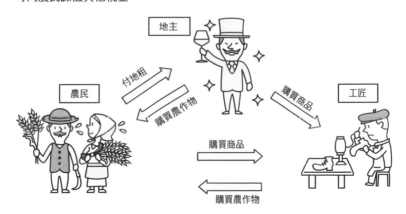

之後，揆內及其他經濟學家批判重商主義的貿易保護主義妨礙了自由競爭的經濟發展，為亞當・斯密的自由放任主義鋪下土壤。

古典經濟學 (Classical Economics)

產生於18世紀後半到19世紀前半、工業革命後的英國,是對資本主義經濟制度最早的研究。

　古典經濟學的代表人物包括:亞當・斯密〔詳見P254〕、馬爾薩斯〔詳見P258〕、李嘉圖〔詳見P256〕、彌爾〔詳見P260〕等。

亞當・斯密

馬爾薩斯

李嘉圖

彌爾

1　當時英國因蒸汽機的發明、棉織品製造技術的革新、煉鐵技術的提升,改變了人們的勞動環境。

2　這種情況下,產生了資本主義經濟體制——擁有工廠的資本家雇用工人,工人領取資本家給予的薪資,資本家則由工人製造的物品獲取利潤。

3 依據古典經濟學理論，經濟社會由資本家、地主、工人3種階級所成立，各階
　級分別提供資本、土地、勞動力，並分別獲得利潤、地租、薪資做為對價。

4 亞當・斯密在《國富論》中提出勞動價值論〔詳見P216〕：人類的財富並非金銀，
　而是勞動。

5 因勞動而產生的產品，要分配給國民多少，應由該國的富裕程度決定。因此，
　他主張自由放任〔詳見P101〕：國家不應該介入企業的經濟活動，應該讓市場自由
　競爭。

6 李嘉圖主張，在貿易方面，政府不應以關稅等方式介入；若能透過自由貿易，
　各國彼此補足對方缺乏的物品，國家才能富足。

因此，古典經濟學認為人類持有私有財產、追求利潤是正確的事。

新古典經濟學
(Neoclassical Economics)

古典經濟學〔詳見P284〕認為商品的交換價值由投入生產的勞動價值決定；新古典經濟學則認為商品的交換價值由需求方的邊際效用〔詳見P42〕決定。這是個體經濟學〔詳見P30〕消費理論的重要概念。

新古典經濟學代表人物有：馬夏爾〔詳見P264〕、門格爾、瓦爾拉斯、傑文斯等人。

| 馬夏爾 | 門格爾 | 瓦爾拉斯 | 傑文斯 |

1　新古典經濟學出現之前，一般認為物品與勞務〔詳見P13〕的價值是由人類的勞動決定（勞動價值論）〔詳見P216〕。

因勞動而產生價值　　　因勞動而產生價值

2　但在1870年代，奧地利的門格爾、法國的瓦爾拉斯、英國的傑文斯幾乎同時發表了邊際效用的相關理論（邊際革命）〔詳見P218〕。

物品與勞務的價值由效用決定。

3 他們提出，物品與勞務的消費每追加一單位，效用（滿足度）就會隨數量的增加而下降（邊際效用遞減法則）〔詳見P43〕。

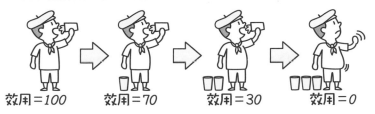

效用=100   效用=70   效用=30   效用=0

4 他們也把邊際的概念引進供給面：生產要素投入量增加，會使產量提高，但每增加一單位生產要素，產量的增加幅度就會慢慢變少（邊際產量遞減法則）〔詳見P56〕。

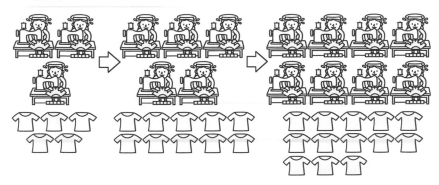

5 在總體經濟學〔詳見P30〕方面，新古典經濟學派也發展了供給面經濟學，如賽伊法則〔詳見P206〕認為「供給面決定國民所得」。

6 因此，即使一時不景氣，只要交由市場，由價格機能運作，就會達到充分就業、經濟穩定的情況。所以，在所需限度之外，政府不需介入經濟，「小政府」是比較好的制度。

新自由主義（Neoliberalism）

1980年代之後，新自由主義成為世界主流的經濟思想與政策趨勢。其觀點是縮小政府管制、重視自由競爭。

新自由主義的經濟學者有：**傅利曼**〔詳見P276〕、**海耶克**〔詳見P272〕等。

傅利曼　　　　　　　　海耶克

1　古典經濟學〔詳見P284〕的背景是君主專制時代，此派經濟學者批判國家的權力膨脹，提倡市場的自由競爭。

2　依據傅利曼的學說，新自由主義經濟學的觀點是政府的管制與過度的社會保障、福利及財富再分配，會導致政府的權力膨脹。

3 新自由主義的經濟學者主張放鬆管制、削減福利開支、財政緊縮等。

4 因此，批判凱因斯〔詳見P266〕學派的有效需求政策，認為應限制政府介入市場經濟。

5 美國雷根總統在1980年代實行的「雷根經濟學」，就是基於新自由主義的政策：提倡小政府、減少福利與公共服務、進行公營事業民營化、放鬆管制，促進競爭。

6 在日本，2001年上台的小泉內閣提出的「無禁區的結構改革」（聖域なき構造改革），就是以新自由主義為基礎，實行「從官方到民間」的結構改革，包括郵政事業與道路公團（譯注：公團指為推動公共事業，由政府全額出資或中央與地方政府共同出資而設立的特殊法人）的民營化等。

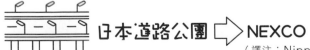

日本道路公團 ⇨ NEXCO

（譯注：Nippon EXpressway COmpany Limited，日本道路公團民營化，分拆與改組為3家「NEXCO」公司）

郵政3事業 ⇨

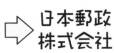

日本郵政株式会社

自由放任主義（Libertarianism）

提倡自由至上，絕對重視個人的自由，認為國家會限制個人自由，應將國家角色限縮在最低限度。重視經濟自由的想法類似新自由主義〔詳見P288〕。主張自由放任主義的人稱為「自由放任主義者」（libertarian）。

🔘 在經濟面提倡自由放任主義的學者有：海耶克〔詳見P272〕、傅利曼〔詳見P276〕等。

海耶克　　　　　　　　傅利曼

1　自由放任主義基於傅利曼的理論，反對國家干預經濟，主張市場經濟中選擇的自由。

2　自由放任主義也提倡社會的自由，如對權威的不服從、廢止婚姻制度、徵兵制及福利，贊成使用毒品與槍械。

3 因主張個人的絕對自由，認為國家功能應限定在防止侵害任何人自由的範圍。
  亦即，為了將個人自由極大化，應盡量限縮國家功能，任由民間發展。

4 自由主義（Liberalism）雖尊重基本的自由，但有些人是因環境而成為弱勢者
  或窮人，無法自由選擇。這種情況下，自由主義贊成政府以法律或財富再分配
  的形式介入個人。

5 不過，自由放任主義為防止國家對個人自由的侵害，主張國家功能應只限於看
  守，不應以國家權力強制徵稅，進行財富再分配。因此，認為從富人身上徵收
  大量稅金分配給窮人，是錯誤的政策。

6 此外，自由放任主義因尊重社會、個人的自由，反對主張計畫經濟的社會主義
  與對國民全面管制的極權主義（Totalitarianism）。

經濟大恐慌（Great Depression）

1929～1933年間全世界發生的經濟不景氣，許多企業破產、銀行倒閉、失業者增加。

1　1914年開始第一次世界大戰，當時美國向主戰場歐洲出口大量軍事物資，獲取許多盈利。戰後，歐洲一片荒蕪，美國取而代之，成為世界經濟中心。

2　美國國內工業蓬勃發展，尤其汽車產業欣欣向榮。隨著道路網的擴充，助長了住宅向郊外的擴展，經濟繁榮興盛。

3　美國企業在一片好景氣中，不僅國內投資踴躍，也引來全世界投資者的注目。當時股價上漲，投機熱潮蔓延，形成經濟泡沫〔詳見 P162〕的狀態。

4　不過，當歐洲開始復甦，致使美國出口歐洲的農作物、工業產品的訂單開始大量減少。

5　當時美國為保護本國產業，對國外的進口產品課徵高關稅〔詳見P242〕，其他國家也對美國的進口產品課徵高關稅，美國的出口產業便逐漸衰退。

6　隨著貿易衰退，企業過量的設備投資導致生產過剩，農作物也生產過剩，導致價格下跌，失業者增加的狀況亦隨之而來。

7　投資者怕自己的股票暴跌，大舉拋售股票。結果，1929年10月24日（黑色星期四）股價大暴跌，接著許多企業、工廠破產，失業者激增。

8　當時對美國經濟高度依賴的國家也受到這次股價暴跌的影響，捲進世界經濟大恐慌。

之後，1933年富蘭克林‧羅斯福（Franklin Delano Roosevelt）就任美國總統，實施「新政」，政府積極介入經濟，設立公共事業，以創造就業機會，提高國內購買力。

雷曼事件
（The Financial Crisis，金融危機）

2008 年 9 月，美國的投資銀行雷曼兄弟（Lehman Brothers Holding Inc.）宣布破產。影響所及，全世界股價暴跌，引爆金融危機與全世界同時不景氣。

1　1850 年，雷曼三兄弟創立雷曼兄弟公司。
　　事件當時，雷曼兄弟公司是美國第 4 大投資銀行，其破產的導火線是針對低所得者的住宅貸款──「次級房貸」（Subprime Lending）。

2　一般金融機構並沒有開放針對低所得者的貸款，因此，對低所得者而言，次級房貸相當吸引人，這份貸款可讓他們也擁有自己的家。

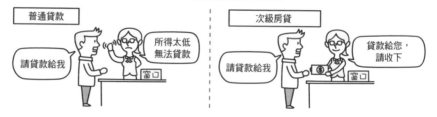

3　次級房貸很受歡迎，在美國掀起住宅建設熱潮，土地價格攀升。許多人料想以後土地價格會上漲，紛紛建造房屋。

4　不過，次級房貸雖然一開始是一般的利率，但利率會隨著時間調升；這樣的利率制度是為了減低貸款方的風險。

5 用次級房貸貸款的低所得者，一開始有能力償還貸款，但利率調升後，還款困難，只好把房子賣了。

6 問題在於住宅貸款的制度。在日本，即使賣掉房子，還是必須償還剩下的貸款（編注：台灣亦然）；但次級房貸是用房屋抵押貸款，所以房屋出售後，就不必再付貸款了。

7 這種情況下，無法收回貸款的銀行便累積許多不良債權。不只如此，因次級房貸證券化，也有歐洲的投資者持有證券，美國房市泡沫崩解，牽連到全世界的金融機構。

8 因雷曼兄弟破產，金融不穩定，使紐約的股票市場大暴跌。影響所及，全世界的股票市場也大受打擊。

INDEX
索　引

M

N

O

T

U

V

W

經濟學超圖解〔新裝版〕
経済用語図鑑

作　　者	花岡幸子	
繪　　者	浜畠佳央	
譯　　者	林雯	
特約編輯	洪芷霆	
封面設計	許紘維	
內頁排版	簡至成	
行銷企劃	蕭浩仰、江紫涓	
行銷統籌	駱漢琦	
業務發行	邱紹溢	
營運顧問	郭其彬	
責任編輯	賴靜儀	
總　編　輯	李亞南	
出　　版	漫遊者文化事業股份有限公司	
地　　址	台北市103大同區重慶北路二段88號2樓之6	
電　　話	(02) 2715-2022	
傳　　真	(02) 2715-2021	
服務信箱	service@azothbooks.com	
網路書店	www.azothbooks.com	
臉　　書	www.facebook.com/azothbooks.read	

發　　行	大雁出版基地
地　　址	新北市231新店區北新路三段207-3號5樓
電　　話	(02) 8913-1005
訂單傳真	(02) 8913-1056
二版三刷 (1)	2024年6月
定　　價	台幣480元

ISBN　9789864899234
有著作權 · 侵害必究
本書如有缺頁、破損、裝訂錯誤，請寄回本公司更換。

KEIZAI YOUGO ZUKAN written by Sachiko Hanaoka,
illustrated by Kano Hamabatake
Copyright © 2016 Sachiko Hanaoka, Kano Hamabatake
All rights reserved.
Original Japanese edition published by WAVE Publishers Co.,
Ltd.
This Complex Chinese edition is published by arrangement
with WAVE Publishers Co., Ltd., Tokyo in care of Tuttle-Mori
Agency, Inc., Tokyo
through Future View Technology Ltd., Taipei.

漫遊，一種新的路上觀察學
www.azothbooks.com

 漫遊者文化

大人的素養課，通往自由學習之路
www.ontheroad.today

 遍路文化 · 線上課程